LADENBAU IN DER PRAXIS

ter. Ein Markenversprechen wie »Wir lieben Lebensmittel« muss der Kunde in jedem Kontakt mit der Marke klar spüren. Alle Kanäle, alle Botschaften tragen die Marke in sich. Sie ist kein abgeschlossenes Konstrukt, sondern ein kontinuierlicher Prozess. Die Lieblingsmarken dürfen und sollen sich immer wieder neu erfinden, um auf die sich ändernden Kundenbedürfnisse einzugehen. Oder einfach nur, weil neue Technologien neue Möglichkeiten bieten, das Kundenerlebnis noch treffsicherer abzustimmen.

Den »eigenen« Marken vertrauen Kunden auch ihre Daten, ihr Wissen und ihre Wünsche an. Das Unternehmen kann lernen und sollte diese Daten gezielt abfragen und einsetzen. Der Kunde muss spüren, dass sich seine emotionale Entscheidung für eine Marke lohnt. Wiedererkannt werden – unabhängig vom Kanal – mit allem, was man bisher preisgegeben hat, ist dabei der erste Schritt. Und das heißt nicht, dass mich nach dem Kauf eines Handstaubsaugers über Wochen Banner-Ads von Handstaubsaugern digital verfolgen. Das Ziel ist, den Kunden zu erforschen und herauszufinden, welche Rolle die Marke in seinem Leben spielen kann und möchte. Das Corporate Design und alle Gestaltungsmerkmale des Ladenbaus erwecken diese Rolle zum Leben.
Eine Marke ist somit weit mehr als ein Logo und ein wenig Farbe. Sie muss sich in allen Aspekten der Gestaltung finden, von den Produkten über die Geschäfte bis hin zum Serviceangebot. Der Ladenbau spiegelt die Marke mit seinen Materialien, Formen, der Navigation, den Bewegungsräumen und innovativen Lösungen wieder und unterliegt daher einem kontinuierlichen Wandel.

Kunden haben sich im Laden informiert, anschließend bestellten ...

14 %

vor Ort per Smartphone

75 %

zu Hause im Internet

Der Laden ist ein entscheidender Teil der gesamten Customer Journey. Und er ist einzigartig, nur hier kann die Marke alle Sinne ansprechen. Dieses Potential nutzen viele große Marken mit Showrooms, in denen es weniger um das einzelne Produkt als um das Erlebnis geht. Marken können ihr Innovationspotenzial zeigen und den Kunden nicht zuletzt überraschen. Neue Konzepte können ausprobiert und die Marke weiterentwickelt werden. Die einzelnen Touchpoints müssen stimmig gestaltet und auf die Kundenbedürfnisse ausgerichtet werden. Viel wichtiger jedoch ist es, die Übergänge und Schnittstellen zu definieren, damit der Kunde auf seiner Reise nicht verloren geht. Für den Planer heißt das, das Wissen zu erlangen, für wen gestalte ich den Laden, wie sieht der Rest des Konzepts aus und wie findet man gelungene Schnittstellen.

VERTRIEBSNETZ UND MARKENBOTSCHAFT

_FRUIT OF THE LOOM
_CODELLO

Viele Marken vertreiben ihre Produkte über ein breites Netz an verschiedenen Kanälen: eigene Geschäfte, Franchise-Geschäfte, Warenhäuser, Onlinehandel etc. Bei Ladenbaukonzepten, die in mehreren Vertriebskanälen umgesetzt werden, muss die Marke dabei stringent in allen Kanälen präsentiert werden, damit der Kunde die Markenbotschaft versteht. Denn der Kunde 4.0 kauft »Omnichannel« – auf allen Vertriebskanälen (siehe »Kunde und Konsumverhalten 4.0«, S. 8ff.). In der Regel werden die Vertriebspunkte nacheinander entworfen und lassen sich daher voneinander ableiten. Die wichtigsten Merkmale des Ladenbaukonzepts sollten sich an jedem Verkaufspunkt wiederfinden, damit die Markenaussage verständlich ist. Individuelle Einzelstücke, die nicht replizierbar sind, wie beispielsweise ein antikes Möbelunikat, eignen sich nicht dafür. Auch die Botschaft der Marke muss an jedem Point of Sale (POS) – also an jeder Verkaufsstelle, vom eigenen Geschäft der Marke bis hin zum Aufsteller bei einem Händler – für den Konsumenten immer verständlich und erfahrbar sein. Und so beginnt der Ladenbau mit dem kleinen Aufsteller auf dem Kassentresen eines Händlers, auf dem 60 cm^2 Platz für die Markenaussage bleiben, bis hin zum Flagshipstore von oft mehreren Hundert Quadratmetern Größe. Die Marke am POS erlebbar zu machen, die Qualität und Einzigartigkeit herauszustellen und den Kunden dadurch emotional daran zu binden, ist neben dem Umsatz die wichtigste Zielsetzung von Ladenbaudesign.

CUSTOMER JOURNEY

Der POS ist der Ort, an dem die Marke mit dem Kunden buchstäblich hautnah in Kontakt kommt. Weitere direkte Kommunikationspunkte, die das Markenbild beeinflussen, sind Anzeigen und Werbespots. Immer wichtiger werden aber auch die indirekten Kommunikationspunkte, an denen die Meinung Dritter über eine Marke eingeholt wird, wie Bewertungsportale, Userforen und Blogs (siehe Abb. S. 12).

Die sogenannte Customer Journey, ein Begriff aus dem Marketing, bezeichnet die »Reise« des potenziellen Kunden über alle Berührungspunkte (Touchpoints), die er mit einer Marke hat, bevor er sich für einen Kauf entscheidet. Während der ganzen Customer Journey muss die Marke die gleiche Botschaft kommunizieren. Der Ladenbaudesigner sollte sich daher auch mit dem medialen Erscheinungsbild und dem des Onlineshops vertraut machen, bevor er mit dem Entwurf des stationären, physischen Ladenbaus beginnt, damit das Markenbild für den Kunden immer einheitlich bleibt. Zunehmend informieren sich Kunden über die indirekten Kontaktpunkte. Diese Entwicklung vollzog sich mit der Etablierung des Smartphones innerhalb nur weniger Jahre. Und die technischen Innovationen gehen stetig weiter, schon ist vom Connected Retail die Rede. Das Prinzip folgt den im Internet üblichen Filtern und Analysen, mit denen ein Nutzer im Onlineshop »erkannt« wird und ihm bestimmte Produkte gezeigt, also »empfohlen« werden, die seinen Nutzerdaten entsprechen. Der Ladenbauplaner wird zunehmend diese elektronischen und digitalen Features im Ladenbau vorsehen und einplanen müssen (siehe »Digitaler POS«, S. 68ff.).

links Stufentische im Verkaufsraum bei Codello, München (DE)

MONOBRAND UND MULTIBRAND

Zu unterscheiden ist generell in Läden, die zwar selbst eine Marke darstellen, aber Produkte verschiedener Marken unter ihrem Dach verkaufen, den sogenannten Multibrandstores (siehe »Kauf Dich Glücklich«, S. 64ff.), sowie den Monobrandstores, bei denen ein Hersteller größtenteils oder ausschließlich Produkte seiner eigenen Marke verkauft (siehe »Roeckl«, S. 28f.).

STATIONÄRES VERTRIEBSNETZ

Unter dem stationären Vertriebsnetz versteht man den Handel von einem festen Platz aus, den der Kunde aufsucht, um an die Ware zu gelangen (Hol-Prinzip). Im Gegensatz dazu steht der nicht stationäre Handel, wie beispielsweise der Versand- oder Onlinehandel. Die aufgeführten stationären Vertriebsstellen und deren Bezeichnung werden unternehmensabhängig in Nuancen unterschiedlich genutzt. Die Kurzbeschreibungen stellen daher nur eine Orientierung dar – es empfiehlt sich, die genaue Bedeutung, die sie im Unternehmen des jeweiligen Auftraggebers hat, zu hinterfragen.

Retail

Retail (gegebenenfalls abgekürzt RTL) ist der englische Oberbegriff für Einzelhandel und wird immer dann genutzt, wenn es um den Verkauf von Produkten an Endkunden geht. Own Retail kategorisiert das eigene Geschäft einer Marke, in dem in der Regel das Ladenbaukonzept der Marke zum Tragen kommt. Eigenes Verkaufspersonal ist ständig vor Ort und der Kunde nimmt die Ware im Verpackungsmaterial der Marke nach dem Kauf mit nach Hause.

Wholesale

Der englische Begriff Wholesale steht dem Retail gegenüber und heißt übersetzt Großhandel. Er bezeichnet zuerst einmal den Verkauf von Produkten an Zwischen-

unten Flagshipstore Armani Fifth Avenue, New York (USA), Massimiliano Fuksas architetto. Flagshipstores sollen das Markenbild weithin sichtbar prägen und sind das Aushängeschild einer Marke. Mit dieser skulpturalen Treppe erreicht Armani dieses Ziel ohne Zweifel.

händler, die sie an Endkunden weiterverkaufen. Darunter fallen Kaufhäuser (siehe »Engelhorn«, S. 86f. oder »Konen«, S. 88f.), aber streng genommen auch kleinere Läden wie »Kauf Dich glücklich«. Der Begriff wird je nach Kontext also unterschiedlich genutzt. Im Wholesale finden sich Verkaufsstellen einer Marke von unterschiedlicher Größe: vom Shop-in-Shop (SIS) bis zum einzelnen Mittelraummöbel. Die Markenbotschaft sollte trotzdem immer ablesbar sein, unabhängig davon wie groß die Verkaufsfläche der Marke ist.

Franchise
Bei diesem Geschäftsmodell betreiben sogenannte Franchisenehmer den Laden einer Marke. Bei der Gestaltung müssen sich diese entweder an die Designvorgaben der Marke, das Corporate Design, halten oder deren Innenarchitekten beschäftigen, damit der Markenauftritt für den Konsumenten erkennbar bleibt. Möglicherweise gehört es zum Auftrag eines Planers, nicht nur ein Konzept für eine Marke zu entwerfen, die ihr Vertriebsnetz mit Franchisenehmern betreibt, sondern dieses Ladenbaukonzept in einem Handbuch exakt zu beschreiben, sodass auch andere Planer das Konzept umsetzen können.

Flagshipstore
Als Flagshipstore – zu Deutsch Flaggschiff-Laden – bezeichnet man die Filiale eines Händlers oder einer Marke, die Vorzeigecharakter beispielsweise in Größe, Lage oder Ausstattung hat. Aus diesem Grund sind sie oft besonders aufwendig und kostspielig gestaltet und es gibt sie nur in geringer Anzahl. Ein Flagshipstore stärkt die Präsenz der Marke und trägt zur Kundenbindung bei. Dient er in erster Linie der Werbung, so wird der Ladenbau in diesem Fall unter Umständen aus dem Marketingbudget bezahlt. Eine intensive Absprache mit der Marketingabteilung ist Voraussetzung für ein gutes Endergebnis.
Flagshipstores dienen oft als Experimentierfeld, um neue oder verbesserte Konzepte oder Serviceelemente auszuprobieren. Sind sie erfolgreich, leitet sich von ihnen mitunter das Design der restlichen stationären Flächen ab.

Shop-in-Shop (SIS)
Als SIS bezeichnet man eine Verkaufsfläche bei einem Wholesale-Händler, die üblicherweise 50 m² nicht übersteigt. Auf dieser Fläche wird in der Regel sowohl der eigene Ladenbau der Marke genutzt, als auch manchmal Personal zur Verfügung gestellt, um zum eigenen Produkt Beratung anzubieten. Andernfalls funktioniert der SIS im Selbstbedienungs-Modus und Back-of-House-Flächen sind abseits der eigentlichen Verkaufsfläche (siehe »Back of House«, S. 42f.). Gibt es keinen eigenen Kassentresen, bezahlt der Kunde die Ware an der Kasse des Händlers. Der Trend geht derzeit allerdings dahin, dass die Marken im SIS mit eignen Kassensystemen vertreten sind und das Kaufhaus so zum Shoppingcenter ohne Raumtrennwände wird. Bei Galeries Lafayettes ist das z. B. bereits Standard. Der Hersteller zahlt dem Händler in der Regel eine Miete für die Fläche, auf der er die Waren ausstellt. Manchmal erfolgt die Bezahlung auch über eine prozentuale Umsatzbeteiligung – oft ist es jedoch eine Kombination aus beidem.
Dem Design des Ladenbaus sind beim SIS besonders in der Höhe der Warenträger und Rückwände Grenzen gesetzt. Um die Überschaubarkeit der meist großen Flächen in Kaufhäusern bis hin zur Rückwand zu gewährleisten, dürfen beispielsweise Mittelraummöbel nicht höher als 1,50 m sein (siehe »Mittelraummöblierung«, S. 83ff.). Teilweise umfasst die SIS-Fläche der Marke im Kaufhaus auch nur eine Rückwand oder einzelne Warenträger. Auch hier gelten enge Regeln des Händlers: Teilweise darf z. B. selbst das Markenlogo des Herstellers nicht original sein, sondern Größe und Farbe sind vom Händler vorgegeben, um ein einheitliches Bild der Abteilung zu wahren. Der Planer sollte sich beim Händler über derartige Planungsrestriktionen informieren, bevor er mit der Planung beginnt.

Oft handelt es sich bei SIS-Um- oder Neubauten um Baustellen, die im laufenden Betrieb erfolgen. Das beinhaltet entweder Nachtbaustellen oder erhöhte Anforderungen durch die Verwendung von Staub- und Sichtschutzwänden. Besonders die Nachtbaustellen bergen zudem ein Sicherheitsrisiko, sodass unbedingt Kosten für Wachpersonal in die Kalkulation einfließen sollten. Diese muss meist der Betreiber des SIS entrichten. Üblicherweise wird im SIS und im Retail das gleiche Wandsystem genutzt, sodass es flexibel austauschbar ist und bei Produktverpackung und Bügeln kein erhöhter Aufwand durch unterschiedliche Systeme entsteht (siehe »An der Wand«, S. 74ff.). Das Nicht-Vorhandensein von eigenem Personal oder der Mangel an Lagerfläche in unmittelbarer Nähe bedeutet jedoch manchmal, dass die Anzahl der Produkte pro Quadratmeter – der sogenannte Warendruck – beim SIS oft höher ist als im Retail.

Factory-Outlet-Center (FOC)
Fabrikverkäufe bzw. Factory Outlets oder auch nur Outletstores gibt es seit den 1930er-Jahren in den USA. Outletstores wurden vormals von Herstellern meist in der Nähe der eigenen Fabriken errichtet, um beschädigte oder überschüssige Ware der vorherigen Saisons an den Mann zu bringen. Die Zahl der Factory-Outlet-Center stieg in Deutschland von 11 im Jahr 2011 auf 15 in 2014[1]. Das stete Wachstum zeigt auf, wie wichtig dieser Vertriebszweig für Marken geworden ist. Somit rücken Factory Outlets auch für Ladenplaner in den Fokus. Dabei wird dem konzeptionellen Design unterschiedlich viel Bedeutung beigemessen, je nachdem, wie viel Umsatz die Marke mit FOCs erzielen kann und wie sie ihr Vertriebsnetz generell aufstellt. Es gibt Markenhersteller, die ihre alten, im Retailstore abgebauten Ladenbaumöbel wiederverwenden. Andere wiederum entwickeln eigene FOC-Konzepte, die zwar mehr Warendruck zulassen und insgesamt eine geringere Wertigkeit als das übliche Retailkonzept ausstrahlen, aber dennoch im Bild der Marke bleiben.
Generell muss der Aufbau des Ladens einen hohen Warenumschlag zulassen. Der Outletstore muss dem Kunden durch Warenaufbau und Storedesign den Eindruck vermitteln, dass er die Ware günstiger bekommt als im »normalen« Geschäft.

[1] EHI Retail Institute

Pop-up-Store
Ihren Namen haben die provisorischen Einzelhandelsgeschäfte, die vorübergehend und oft in leer stehenden Geschäftsräumen betrieben werden, vom englischen Begriff »to pop up – plötzlich auftauchen«. Pop-up-Stores machen sich meist das Prinzip der künstlichen Verknappung zunutze, um Kunden anzulocken. Das plötzliche Auftauchen und die Werbung mittels Mundpropaganda oder sozialen Netzwerken steigern den Wert der angebotenen Ware und der Marke. Dabei entstehen kaum Kosten für Werbung und die Leerstandsflächen lassen sich zudem günstig anmieten. Als die ersten Pop-up-Stores 2000 in Europa eröffneten, dienten sie originär dem schnellen, profitablen Warenabsatz, insbesondere für Saisonwaren. Junge Labels machten sich die Idee des Pop-up-Vertriebs allerdings schnell zu eigen und nutzen die kostengünstigen temporären Ladenflächen als Möglichkeit, die ersten Gehversuche im Handel ohne größeres Risiko zu unternehmen und erste Erfahrungen mit Kunden und Marketing zu sammeln. In der Zwischenzeit werden Pop-up-Flächen auch von etablierten Labels zur Imagepflege genutzt. In Großstädten wie Berlin oder München sind Pop-up-Stores ein gelebtes Konzept zur Nutzung von Leerstand in den Einkaufsstraßen. Inzwischen gibt es ganze Pop-Up-Kaufhäuser. Neben Online-Datenbanken für leer stehende Ladenflächen gibt es mittlerweile auch Agenturen, die sich auf den Betrieb solcher Stores bzw. die Vermittlung von Pop-up-Flächen spezialisiert haben.

VERKAUFSFORM
Der Auftraggeber legt die Verkaufsform in Abhängigkeit vom Produkt fest. Sie ist entscheidend für das Ladenbaudesign, daher sollte sich der Planer diese bewusst machen, bevor er mit der Planung beginnt. Im stationären Handel kann dem Kunden

oben Bikinihaus, Berlin (DE), Hild und K Architekten (Sanierung). Die Macher des Bikini Berlin entwickelten ein ganz besonderes Konzept: Neben festen Mietern der Concept Shoppingmall gibt es in der Haupterschließungsachse große und kleine temporär vermietete Pop-up-Boxen. Die kleinste Einheit ist eine ca. 5 × 5 m große, abschließbare Box aus Holz und lackiertem Drahtgitter, fertig ausgestattet mit Strom, Datenanschluss und Beleuchtung. Der Markenname des Händlers darf nicht im Corporate Design (CD) der Marke geschrieben sein, sondern ist, wie oft im Wholesale üblich, im CD des »Gastgebers« vorgegeben. Da sich die kleinen Flächen sehr schnell mit Waren bestücken und für den Verkauf öffnen lassen, gibt es ein häufig wechselndes Sortiment und einen Mix unterschiedlichster Anbieter.

Ware in unterschiedlichen Verkaufsformen angeboten werden: Bedienung, Selbstbedienung, Vorwahl oder Hybridshopping, also die Kombination verschiedener Formen.

Bedienung

Bei dieser Verkaufsform steht der Kunde während der gesamten Verkaufshandlung in persönlichem Kontakt zum Verkäufer. Sie eignet sich besonders für den Verkauf von erklärungs- und beratungsbedürftigen Waren oder für Waren, auf die der Kunde keinen direkten Zugriff haben soll, beispielsweise Schmuck und Arzneimittel. Bei dem Verkauf durch Bedienung ist oft ein Vorlagetisch sinnvoll (siehe »Mittelraummöblierung«, S. 83ff.).

Selbstbedienung

Für weniger beratungsintensive Waren eignet sich die Verkaufsform der Selbstbedienung. Geschäfte, die Waren in Selbstbedienung verkaufen, ermöglichen einen direkten Zugriff auf die Ware. Der Ladenbau muss dem Kunden Orientierung im Raum geben, damit er die gewünschte Ware findet. Produkterklärungen in der Nähe des Produkts ersetzen das Verkaufspersonal (siehe »Produktkommunikation«, S. 59f.).

Vorwahl

Bei dieser Verkaufsform hat der Kunde wie bei der Selbstbedienung freien Zugang zur Ware. Gibt er zu erkennen, dass er Hilfe braucht, greift das Verkaufspersonal unterstützend ein. Der Verkäufer muss die Möglichkeit haben, sich in der Nähe der Kunden aufzuhalten.

Hybridshopping

Durch das Wachstum, das der Onlinehandel in den letzten Jahren erlebt hat, verändern sich die klassischen Verkaufsformen. Noch ist es fraglich, ob dem Online- oder Offlinehandel die Zukunft gehört. Wahrscheinlich ist eine zunehmende Verzahnung der Absatzkanäle durch den Einsatz von neuen Technologien. Mit Click and Collect verfolgen beispielsweise bereits viele Händler die Strategie, die Markenbildung und Kundenbindung durch den Verkauf im Geschäft mit den Vorteilen des Onlineshops für den Kunden zu kombinieren. Der Käufer kann die online bestellte Ware bei dieser Vertriebsform im Laden abholen und auch zurückgeben. Das sind erste Ansätze, die sich in raschem Tempo weiterentwickeln.

FRUIT OF THE LOOM

DER POP-UP-TEST

Fast jeder besaß in den 1990er-Jahren ein Basic der T-Shirt-Marke mit dem Obst-Logo. Von heute auf morgen war sie in – und dann schnell wieder out. 2001 hatte der Konzern 1,6 Millionen Dollar Schulden. Der Milliardär Warren Buffet hat seitdem in die amerikanische Traditionsmarke investiert. In »Women's Wear Daily« stand jüngst, in Marokko habe die Firma eine riesige Textilfabrik bauen lassen. Es bleibt spannend, ob die Marke das Revival schafft.

Planer: Universal Design Studio, London
Verkaufsfläche: 61 m²
Planungsbeginn: 09/2012
Fertigstellung: 03/2013
Vertriebstyp: Pop-Up-Store
Ladentyp: Filiale
Sortiment: Monobrand

Bereits 2014 schlägt Fruit of the Loom eine neue Richtung ein und bringt das Premiumlabel Seek no further auf den Markt – zu deutsch: Such nicht weiter. Zugleich ist dies im Übrigen der Name der Apfelsorte, die im Logo der Dachmarke abgebildet ist. Mit der neuen Linie wollte die Firma ein anspruchsvolles, designverliebtes Klientel ansprechen, das Wert auf natürliche Stoffe, Langlebigkeit und hohen Tragekomfort legt. Der Anspruch an Design entsprach bisher nicht dem Image der Marke und das Lancieren einer Linie mit diesem Attribut war ein finanzielles Wagnis für den Konzern.
Daher lag es nahe, die neue Linie zunächst in zwei Pop-up-Stores in London und Berlin zu testen, bevor die Marke den flächendeckenden Rollout damit versuchen wollte. Creative Director der einmalig in einer kleinen Auflage produzierten sogenannten Capsule Collection Dorothée Loermann sagte damals im Interview: »In den zwei Pop-up-Stores in Berlin und London zeigen wir nun eine Limited Edition als Testphase. Wir schauen, was gut läuft, was vielleicht zu teuer ist und dann wird im Sommer 2015 eine komplette Kollektion auf den Markt kommen – mit eigenen Shops, Onlineshop und viel mehr Modellen.« Wie es scheint, hatte die Expansion nicht den gewünschten Erfolg, und die Marke Seek no further wurde nach dem Test in den Pop-up-Stores wieder eingestellt. Umso besser, dass die Dachmarke Fruit of the Loom mit den Pop-up-Stores nicht alles auf eine Karte setzen musste, sondern sich zunächst ausprobieren konnte. In diesem Sinne war der Test erfolgreich, denn das Unternehmen sparte sich z. B. die Investition für die Entwicklung einer großen Kollektion, wie sie für den Vertrieb über den Großhandel oder Retail notwendig gewesen wäre. Zudem wurden keine langfristigen Mietverträge für Verkaufsflächen abgeschlossen und Personal aufgebaut.
Wie für Pop-up-Stores üblich präsentierte sich die Marke einzigartig und überra-

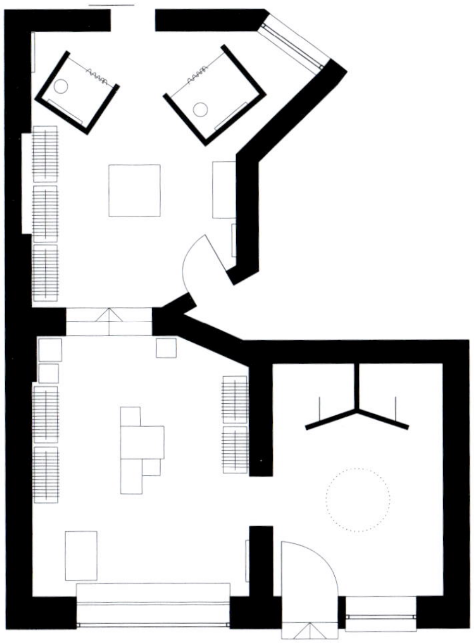

schend. Als Partner für die Umsetzung der beiden Läden in Berlin und London fand der Hersteller das Londoner Büro Universal Design, das sich damals gerade mit dem ACE Hotel in London einen Namen in der Designszene gemacht hatte. Wie erwartet brachte die Eröffnung sowohl der neuen Marke als auch der Dachmarke Fruit of the Loom mediale Aufmerksamkeit. Modemagazine wie Harper's Bazaar griffen die Nachricht der für nur kurze Zeit geöffneten Stores damals in ihrer Berichterstattung auf.

Seek no further sollte die mehr als 150-jährige Geschichte des Unternehmens Fruit of the Loom (deutsch: Früchte des Webstuhls) repräsentieren: den Pioniergeist der Gründer, tradiertes Know-how gepaart mit moderner Technologie und ein müheloser Kleidungsstil. Die Innenausstattung reflektierte das Interesse der Marke an innovativen Materialien und die Liebe zum Detail mit Betonung auf den Entstehungsprozess der Kleidungsstücke am Webstuhl. Um der Energie und Verspieltheit der neuen Linie individuellen Ausdruck zu verleihen, arbeitete Universal mit Londoner Handwerkern und Technikern zusammen. Sie experimentierten mit Materialien wie Glas, Wachs, Beflockung und einem Verbundmaterial auf Acrylbasis und Silikon.

Für beide Stores wurden lokale Künstler mit handgefertigten Installationen beauftragt. Sarah Illenberger erstellte für Berlin eine Reihe von großen Skulpturen aus Schaumstoff in der Form von Früchten, die vor im Rohbauzustand belassenen Wänden präsentiert wurden.

links oben Die Gestaltung der Flächen erfolgte mit Fokus auf das Design. Warendruck und Flächeneffektivität spielen bei diesem Pop-up-Store eine nachrangige Rolle.
oben Grundriss, Maßstab 1:150
rechts Installation der Berliner Künstlerin Sarah Illenberger für den Pop-up-Store: geometrische Obst-Skulpturen aus Schaumstoff

CODELLO

DIE MARKE STRINGENT KOMMUNIZIERT

Die Marke Codello ist ein gelungenes Beispiel für stringente Markenkommunikation, denn sowohl die Marke als auch das Produkt werden in den unterschiedlichen Vertriebskanälen immer gleich und mit hohem Wiedererkennungswert präsentiert. So ist klar: Der Kunde versteht die Marke.

Planer: Codello (Katharina Jakob, Katharina Ostner) und Buero Philipp Moeller, München (Berlin); Codello (Katharina Jakob) und Buero Philipp Moeller, München (München); Codello (Katharina Ostner) (Mailand und Dodenhof Bremen)
Bruttofläche: 74 m² (Berlin), 45 m² (München), 20 m² (Mailand), 30–40 m² (Dodenhof Bremen)
Planungsphasen: 12/2013–09/2014 (Berlin), 06/2012–04/2013 (München)
Vertriebstyp: siehe Bildunterschriften
Ladentyp: Filialen
Sortiment: Monobrand

Bei Fruit of the Loom bot der Pop-up-Store die Möglichkeit, eine ausgekoppelte Linie zu testen. Die Produkte von Codello sind dagegen bereits in allen Vertriebskanälen vertreten. Der 2014 im Einkaufszentrum Dodenhof im Norden Deutschlands für vier Wochen geöffnete Codello-Pop-up-Store war eine einmalige Sache auf einer Aktionsfläche des Händlers, die auf Anfrage von Dodenhof von Codello umgesetzt wurde. Derzeit hat die Lifestyle- und Accessoires-Marke aus Inning am Ammersee rund 2000 Verkaufsstellen in Deutschland. Davon sind 300 Händler mit Codello-Ladenbau ausgestattet. Zusätzlich verantwortet Sophia Meier, Retailmanagerin bei Codello, drei eigene Geschäfte. »Alle Flächen sind eine gestalterische Einheit« sagt Frau Meier, egal, in welchem Vertriebskanal. Dabei hat die Marke immer dieselbe Zielsetzung und Botschaft an ihre Kunden: »[ihnen] ein Lächeln auf das Gesicht zu zaubern und die Welt ein wenig glücklicher zu machen.«

In allen eigenen Geschäften wird dem Kunden im Schaufenster das farbenfrohe Sortiment der Tücher in speziell angefertigten, überdimensionierten Glasfingerhüten präsentiert. Die Fingerhüte sind dabei ein Zitat auf die Handwerkskunst mit der die Tücher seit jeher gefertigt werden. Die jung wirkende Marke geht nämlich bereits auf die 1920er-Jahre zurück, als der Firmengründer Rinaldo Codello mit Liebe und Begeisterung für Mode aus dem italienischen Turin nach München kam und dort seine erste farbenfrohe Tuchkollektion unter dem Namen Codello vertrieb. In den 1980er-Jahren übernahm die Familie Schnabl das Unternehmen, die es heute in zweiter Generation führt. Dass die Markenbotschaft an allen POS sowie im Messebau der Marke umgesetzt wird, dafür trägt die firmeneigene Innenarchitektin gemeinsam mit dem Retail-Team Sorge.

Ein zentrales Element stellt dabei das Material Pappe dar. Der recyclingfähige Werkstoff steht bei Codello für Nachhaltigkeit und Natürlichkeit, auf die das Familienunter-

links Pop-up-Store: Möbel aus Pappe auf der Pop-up-Fläche von Codello im Einkaufszentrum Dodenhof. Die Formensprache bleibt auch bei geändertem Material gleich und der Kunde erkennt so die Marke.
rechts oben Own Retail: Codello-Store Berlin (DE). Ein Stufentisch im Mittelraum präsentiert die Ware und regt den Kunden zum Spontankauf an.
rechts unten Shop-in-Shop: Die grüne Akzentfarbe und die ausdrucksstarke Grafik haben einen hohen Wiedererkennungswert beim Kunden. SiS-Fläche von Codello im Kaufhaus Rinacente in Mailand (IT)

nehmen auch bei der Fertigung seiner Produkte achtet. Außerdem engagiert sich das Unternehmen für soziale Projekte in den Ursprungsländern ihrer Produkte. Seit Langem werden ausschließlich Papiertüten an die Kunden ausgegeben. Aus Pappe sind außerdem auch die Konfektionsbügel und die speziell angefertigten Schalringe. Diese sehen nicht nur gut aus und sind recycelbar, sondern »zudem auch besser für die Schals und handgefertigten Tücher« so Sophia Meier. Da war es nur konsequent, den Pop-up-Store aus dem gleichen Material zu bauen. Sogar die Präsentationstische und Mittelraumständer sind aus stabilem Karton gefertigt. Die Formensprache aus dem Ladenbau wurde auch hier übernommen, und so weiß der Kunde sofort: Hier ist Codello! Wichtig ist dabei auch die stringente und zur Marke passende Bildsprache sowie die gleichbleibende grafische Gestaltung von Produktkommunikation und Werbematerialien, die im Ladenbau gezielt platziert und eingesetzt werden. Auf diese Weise verbindet sich die Marke aus Sicht des Kunden zu einer Einheit.

Ein weiteres Grundelement, das sich an allen Verkaufsstellen und Möbeln findet, ist das Material Eichenholz für alle Oberflächen: stets echtes Furnier und nie Laminat. Das ist bei Codello wichtig. Andere immer wiederkehrende Materialien sind Schwarzstahl, der in allen Möbeln verwendet wird, sowie Messing – und sei es nur eine kleines Element wie eine Messingkugel als Abrutschsicherung auf dem Pin, einem Bestückungsteil zur Warenpräsentation.

Die grellgrüne Akzentfarbe namens Natron wird oft für Fokuswände eingesetzt und ist dabei ein auffälliger Kontrast zur den sonst überwiegend schwarzen Wandflächen. Das größte Alleinstellungsmerkmal gegenüber den Mitbewerbern am Markt sieht Frau Meier jedoch – ganz die stolze Markenbotschafterin – in der Ware, die ihre eigene Sprache spricht.

Neben der Ware, die immer gleich ist, sorgt der Ladenbau in allen Vertriebskanälen für ein durchgängiges Markenbild und somit einen hohen Wiedererkennungswert.

DAS BRIEFING

_ROECKL

»Das Ergebnis einer Konzeptentwicklung ist immer so gut wie das Briefing.«
Andreas Weidner, Knoblauch Design GmbH

Diese Weisheit gilt grundsätzlich, vor allem aber bei der Entwicklung eines neuen Retailkonzepts. An dessen Anfang steht immer der Auftraggeber, also das Einzelhandelsunternehmen oder eine Einzelhandelsmarke. Etwa ein Jahr vor der Eröffnung eines ersten Ladengeschäfts oder vor Ablauf eines Storekonzept-Lebenszyklus sollte mit der Entwicklung eines Retailkonzepts begonnen werden. In der Regel führt ein neues Konzept zu einer deutlichen Umsatzsteigerung im Vergleich zum Vorgängerkonzept und trägt zum zeitgemäßen Erscheinungsbild der Marke bei. Ein Retailkonzept beinhaltet dabei folgende Bereiche: das Ladendesign, das die Raumhülle, d. h. Boden, Wände und Decke durch Oberflächen, Farben, Materialien festlegt, ebenso die Wand- und Mittelraum-Möblierung, Warenträger, Funktionsbereiche wie Umkleidekabinen, Kassen, Warte- und Verweilbereiche, Kinderecken und Aktionsflächen.
Ein weiterer Konzeptbestandteil ist das Visual Merchandising, d. h. die Festlegung der Warenpositionierung und -präsentationsform, was durch Elemente wie Schaufensterpuppen, Dekoartikel und Accessoires ergänzt wird, um Stimmungswelten zu schaffen. Der dritte Bestandteil eines Retailkonzepts sind Kommunikationselemente wie Navigationsschilder für Umkleiden oder Kassen, Grafiken, Preisausschilderung, Bildschirme oder Videowände, um alle notwendigen Inhalte zur Marke oder zu Produkten zu kommunizieren. Das Briefing für ein erfolgreiches, allumfassendes Retailkonzept muss eine ganze Reihe von Inhalten präzise beschreiben, die dem Innenarchitekten bzw. der Designagentur als Basis für die Arbeit dienen. Der Planer muss deshalb folgende für das Briefing notwendigen Informationen einfordern und sammeln, bevor er mit der Konzeptentwicklung beginnen kann:

- Geschichte, Hintergrund und Historie des Unternehmens, woher kommt es, wohin will es sich verändern, welche Meilensteine gab es?
- Unternehmensmission: Was ist die Hauptzielsetzung des Unternehmens, wofür steht es?
- Vision: Wohin will sich eine Marke entwickeln, wie will sie zukünftig wahrgenommen werden?
- Wie ist die Wettbewerbssituation? Welche Mitbewerber gibt es?
- Gibt es eine Gestaltungsvorgabe – eine bestehende Corporate Identity (Logo), eine vorgegebene Designsprache (Corporate Design) oder vorgegebene Farben (Corporate Color)? Sollen diese mit angepasst werden?
- Was ist der Sinn und Zweck des Retailkonzepts, seine Zielsetzung?
- Gibt es Herausforderungen, z. B. Komplexität eines diversifizierten Warensortiments oder räumliche Einschränkungen wie niedrige Decken?
- Welche Zielgruppe soll angesprochen werden?
- Welche Retail KPIs[1] sollen opimiert werden – Besucherzahl, Durchschnitts-Kassenbon[2], Conversion Rate[3], durchschnittliche Anzahl der gekauften Produkte?

links Eingang zum Laden der Firma Roeckl in München (DE). Ein hinterleuchtetes Motiv aus den Gründerjahren der Marke stellt den Bezug zur Tradition und zum Kernprodukt des Ladens bereits von außen sichtbar her.

[1] KPI: Key Performance Indicator, festgelegte Messzahlen
[2] Durchschnitts-Kassenbon: durchschnittliche Höhe des Einkaufswerts pro Kunde
[3] Conversion Rate: Umsatzrate, ermittelt aus Kundenfrequenz im Verhältnis zu getätigten Käufen. Läge die Conversion Rate bei 100 %, hätte jeder Kunde, der den Laden betreten hat, etwas gekauft.

- Was darf der Store pro Quadratmeter kosten?
- Welches Budget gibt es für die Entwicklung?
- In welchem Zeitrahmen soll das Konzept entwickelt werden?
- Wann soll der erste Store im neuen Konzept eröffnet werden?

Das Briefing selbst ist eine hervorragende Möglichkeit, um sich als Unternehmen selbst zu reflektieren und konkret darüber nachzudenken, ob die grundsätzliche Strategie noch zeitgemäss und sinnvoll ist. Somit ist es auch eine Chance, im Zuge der Neuentwicklung des Retailauftritts eine strategische Neuausrichtung für das Gesamtunternehmen vorzunehmen. Es schafft Klarheit und zeigt, ob es überhaupt eine Mission, Vision, Strategie oder passende Markenkommunikation gibt. Somit kann das Briefing ein Prozess der Selbstfindung und Selbstreflektion sein, der zeigt, welche Retailkennzahlen bereits zufriedenstellend sind und welche optimiert werden könnten. Diese Vorarbeit ist essenziell und nur auf dieser Basis kann die Agentur bzw. der Innenarchitekt eine perfekte Umsetzung der Strategie in ein Retailkonzept effizient erfüllen. Das Briefing wird somit für den Gestalter zu einer Checkliste, die durch kreative Ideen und unter wirtschaftlichen Gesichtspunkten erfüllt wird.

VOM SUCHEN UND FINDEN

Die Auswahl der richtige Agentur oder des richtigen Innenarchitekten für die Umsetzung eines Konzepts ist wie die Suche nach einem Lebenspartner. Nur wenn die Chemie stimmt, ähnliche Werte vorhanden sind und man auf Augenhöhe beiderseitig respekt- und vertrauensvoll miteinander umgeht, wird die Zusammenarbeit fruchtbar und erfolgreich sein. Eine einseitige, zu dominante oder devote Haltung führt in der Regel nicht zum perfekten Ergebnis und vor allem nicht zu einer glücklichen Langzeitbeziehung. Deshalb ist das persönliche Kennenlernen der beiden Parteien und vor allem der am Entwicklungsprozess beteiligten Personen besonders wichtig.
Die Aufgabenverteilungen in der Zusammenarbeit sind dabei klar vorgegeben und sollten beiden Parteien bewusst sein. Entgegen der zum Teil vorhandenen Annahme, dass die Arbeit für den Auftraggeber mit der Übergabe des Briefings beendet ist, führt eine intensive Abstimmung auch während des Entwicklungsprozesses zu besseren Ergebnissen. Regelmäßige Schulterblicke oder gemeinsame Halb- oder Ganztagesworkshops haben sich als effiziente, zielgerichtete Maßnahmen etabliert und verhindern böse Überraschungen beim finalen Präsentationstermin. Beide Parteien sind jeweils gleichzeitig in der Hol- und Bringschuld, und je intensiver der Informationsfluss in beide Richtungen funktioniert, desto enger wird die Beziehung und führt im besten Fall zu einer »Wir-Mentalität«.

Was unterscheidet ein Briefing von einem guten Briefing?

Ein Designbriefing braucht die perfekte Balance zwischen zu viel und ausreichender Information und gibt einen bestimmten Gestaltungskorridor vor, der nicht zu eng und nicht zu weit ist.
Wie könnte z. B. das Briefing für die Sixtinische Kapelle ausgesehen haben – die zweifelsfrei eine gestalterische Meisterleistung ist?
In diesem Fall wäre die Marke »Gott« der Auftraggeber, Papst Pius die verantwortliche Person auf Auftraggeberseite und Michelangelo der kreative Gestalter der Agentur bzw. der Innenarchitekt.

Briefing 1: »Bitte bemalen Sie die Decke.«
Dieses Briefing ist definitiv zu vage. Der Gestaltungskorridor ist zu weit und es ist kein Plan erkennbar. Was ist das Ziel, was ist die Mission, die Strategie des Unternehmens »Gott«?
Briefing 2: »Bitte bemalen Sie die Decke und verwenden Sie Rot, Grün und Gelb.«
Dieses Briefing ist zu eng. Die Vorgabe ist bereits eine Einschränkung der Kreativität

oben In Handarbeit wurde das Wappen der historischen Marke, deren Tradition bis in das Jahr 1839 zurückreicht, in Tupftechnik aufgebracht.
unten Die Dekohände wurden eigens für Roeckl angefertigt und sind an die Form der handgefertigten Handschuhe angepasst.
rechts Das unbekanntere Sortiment der Marke, hochwertige Handtaschen und Seidentücher, ist im neuen Konzept in der vom Kunden am meisten beachteten Zone angeordnet. Das Kernprodukt wird außerhalb der Hauptsaison im rückwärtigen Teil des Ladens präsentiert. Ein System aus Schlitzschienen, in die – je nach Produkt – die Bestückung flexibel eingehängt wird, ermöglicht einen schnellen Austausch.

des Gestalters und beschneidet seine eigene Kreativität bzw. sie ist ein Diktat, das die Professionalität und Kompetenz des Gestalters infrage stellt.
Briefing 3: »Bitte bemalen Sie die Decke mit biblischen Szenen und verwenden Sie einige oder alle der folgenden Elemente: Gott, Adam, Engel, Putten, Teufel und Heilige.«
Dies kommt der Sache näher, die große Idee dahinter wird erkennbar, aber eventuell ist die Anforderung schon zu konkret.
Briefing 4: »Bitte bemalen Sie unsere Decke als strahlenden Lobpreis Gottes, als Zeichen seiner immerwährenden Herrschaft und als Offenbarung und Verheißung für sein Volk.«
Perfekt. Der Auftrag ist klar umrissen, regt aufgrund der Formulierung bereits beim Lesen die Kreativität des Gestalters an, ohne diese einzuschränken oder zu beeinflussen. Trotzdem ist die strategische Ausrichtung klar erkennbar und formuliert. Zusammen mit den weiteren Unternehmensangaben der Checkliste ist es somit möglich, ein Konzept zu erstellen, wie Michelangelo es in der Sixtinischen Kapelle gemacht hat. Das Ergebnis ist bekannt.

Aktiv zuhören

Nach der Auswahl der richtigen Agentur oder des geeigneten Innenarchitekten erfolgt die Präsentation des Briefings durch die beteiligten Personen auf der Auftraggeberseite. Hiermit beginnt die konkrete Zusammenarbeit. Alle persönlichen Vorlieben haben sich auf beiden Seiten der Marke und dem gemeinsamen Ziel unterzuordnen und der Fokus wird voll und ganz auf das gemeinsame Projekt gelegt. Im besten Fall werden alle Entwicklungsphasen von einem Team bearbeitet, das sich aus verschiede-

nen Disziplinen aus beiden Parteien zusammensetzt. Innenarchitekten, Grafikdesigner, Visual Merchandiser, Konstrukteure und Projektleiter, aber ebenso Personen aus dem operativen Retailbereich, die alle Abläufe, Funktionen, Einschränkungen und Notwendigkeiten aus der realen Retailwelt und vor allem die wichtigste Komponente – den Kunden und sein Verhalten – kennen.
Experten und Spezialisten sollten sich ergänzen und ihre Expertise und ihr Know-how einfließen lassen und sich durch aktives Zuhören gegenseitig bereichern und im konstruktiven Dialog regelmäßig austauschen.

ROECKL

GUTES BRIEFING – GUTES ERGEBNIS

1839 reloaded – der Projektname war Programm bei der Entwicklung des neuen Storekonzepts für die Handschuh- und Accessoires-Marke Roeckl. Die neue Ladenbauplanung soll zum Ausdruck bringen, dass die Marke auch nach 175 Jahren Firmengeschichte modern ist, darüber hinaus aber ihre Werte wie Qualität und Handwerkskunst und ihre Liebe zum Detail erhält.
Dem Briefing für dieses Ladenbaukonzept ging ein intensiver Prozess der Reflektion mit der Inhaberin, Annette Roeckl, und einem internen Team, bestehend aus langjährigen Mitarbeiterinnen zusammen mit einer Unternehmensberaterin voraus. In mehreren Workshops mit der Eigentümerin und den Mitarbeiterinnen aus Verkauf, Vertrieb und dem Visual Merchandising wurde formuliert, was den Kern der Marke ausmacht, wie

Planer: Blocher Blocher Partners, Stuttgart
Ladenbau: Ganter Interior, Waldkirch
Verkaufsfläche: ca. 70 m²
Planungsbeginn: 05/2014
Fertigstellung: 09/2014
Vertriebstyp: Flagshipstore
Ladentyp: Filiale
Sortiment: Monobrand

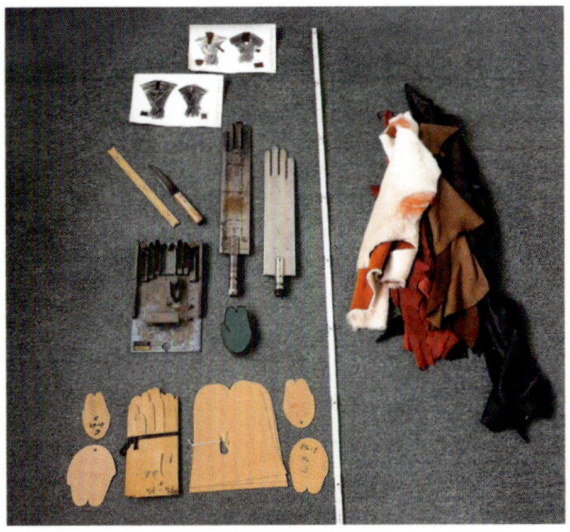

links unten Kernstück des neuen Ladenbaukonzepts ist die atmosphärische Handschuhmacherecke.
oben Mock-up der Dekoration mit originalen Werkzeugen und Schablonen eines Handschuhmachers in der Münchner Firmenzentrale kurz vor der Eröffnung
unten Grundriss, Maßstab 1:150

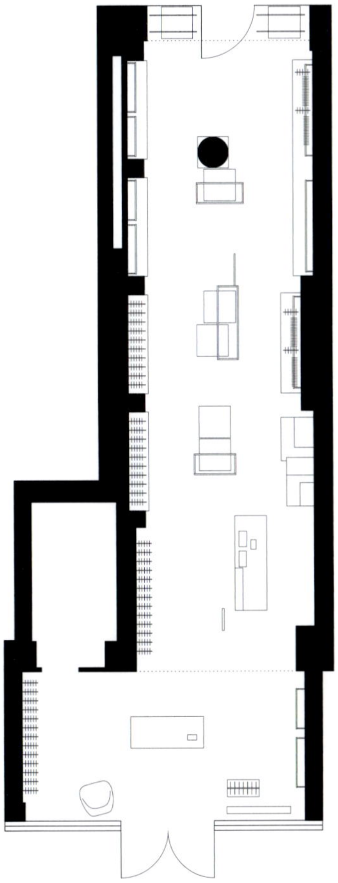

sie sich weiterentwickeln möchte, was die wichtigsten Erfolgsfaktoren des neuen Konzepts sind und was beim Verkaufsprozess von Roeckl-Produkten wichtig ist. So entstand eine Art Katalog mit insgesamt 170 Seiten Material zur Firmengeschichte, den Produkten und dem typischen Roeckl-Kunden. Als Planungspartner fiel die Wahl auf das renommierte Stuttgarter Büro Blocher Blocher Partners. Das interne Team blieb auch nach der Übergabe des Briefings an die externen Planungspartner eng beim Projekt und begleitete die Entwicklung bis hin zur Eröffnung.
In der bereits seit 1960 bestehenden Filiale in der Maffeistraße in München wurde das neue Konzept basierend auf dem Briefing erstmalig umgesetzt.
Der Laden gliedert sich nun in zwei Bereiche: die in Braun- und Cognactönen gehaltenen Handwerksecke, in der auch die Herrenprodukte präsentiert sind und eine hell gestaltete Hauptfläche, in der alle anderen Produkte gezeigt werden und in der sich zudem der Kassentresen befindet.
Die Handwerksecke erfüllt dabei den im Briefing geforderten Aspekt der Tradition. Im Fokus steht ein originaler Handschuhmachertisch. Unterstützt von einer Wandgrafik des Markenwappens und einem hinterleuchteten Original-Werkstattmotiv aus den Anfangsjahren, kommt hier der Ursprung der Traditionsmarke am stärksten zum Ausdruck. Zusätzlich finden regelmäßig Vorführungen eines Handschuhmachers statt, dessen Handwerk sich seit 175 Jahren nicht verändert hat. Live zu zeigen, wie aus einem formlosen Stück Leder ein mit Leidenschaft handgefertigter Qualitätshandschuh wird, ist wichtig, um den Wert der Produkte zu erklären. Originale Werkzeuge und eine Auswahl an Ledersorten, das Verfahren des Zuschnitts und das Vermessen der Hände werden zur erfahrbaren Attraktion, die zusätzlich Kundenbindung schafft. Der maßgefertigte Handschuh kann direkt vor Ort in Auftrag gegeben werden.
Der Kontakt mit dem hochwertigen Material auch über das eigentliche Produkt hinaus, erfüllt den im Briefing vermittelten Anspruch an die Qualität. So ist die angenehme Haptik eines hochwertigen Leders für den Kunden buchstäblich am sonst schlicht gestalteten Kassentresen greifbar, der mit handschmeichlerischem Nubukleder bezogen ist. Damit spürt der Kunde an diesem letzten Kontaktpunkt im Laden nochmals den Wert der Marke.

Im Rahmen der Neukonzeption war es generell eine Herausforderung, dem Kunden das gesamte Sortiment zu präsentieren. Roeckel ist zweifelsohne hauptsächlich als Hersteller hochwertiger Handschuhe eine bekannten Marke. Doch bereits seit 2001 bietet die Firma auf gleichem Qualitätsniveau zusätzlich Seidentücher und seit 2009 zudem eine Taschenkollektion an. Gemeinsam mit der Inhaberin Annette Roeckl entschied sich das Projektteam zu einem mutigen Schritt: Die Accessoires finden sich im Rechtslauf an prominenter Stelle im Laden, bereits einsehbar vom Schaufenster. Das »Rückgrat-Produkt«, der Handschuh, ist auf den ersten Blick nicht sichtbar. Durch eine hohe Flexibilität des horizontalen Schienensystems (siehe Abb. S. 56 unten rechts) lässt sich dies allerdings in den für Handschuhe besonders verkaufsstarken Wintermonaten ändern. Der große Umfang der Kollektion und die Kleinteiligkeit der Produkte bedingen eine hohe Produktdichte, besonders im Winter. In enger Zusammenarbeit mit dem Visual Merchandiser wurden die Wände mit Nischen gegliedert, Metallrahmen lenken den Blick auf ausgewählte Artikel, die vor sonst schlicht gestalteten Wänden in den Schienen platziert sind. Während die Sortimente an den Wänden nach Produktgruppen geordnet sind, bietet die Fläche des Mittelraums, die im Cross-Merchandising-Prinzip mit dem gesamten Sortiment bespielt wird, Inspiration für den Kunden. Sie ist mit ausdrucksstarken Displaykuben und abgehängten Metallrahmen möbliert.
Die starke Saisonabhängigkeit der Waren stellte eine Herausforderung bei der Planung dar. Der Laden muss mit unterschiedlichen Produkten in der Winter- und Sommerbestückung funktionieren. Die doppelte Bestückung hat auch Einfluss auf die Kosten pro Quadratmeter. Zudem müssen die Bestückungsteile eingelagert werden können. Die Entscheidung fiel auf ein Schienensystem, das teilweise elektrifiziert ist, sodass sich auch Regalböden mit integrierter LED-Beleuchtung einhängen lassen.

STORYTELLING

_CHELSEA FANSHOP
_ATELIER PATRIK MUFF

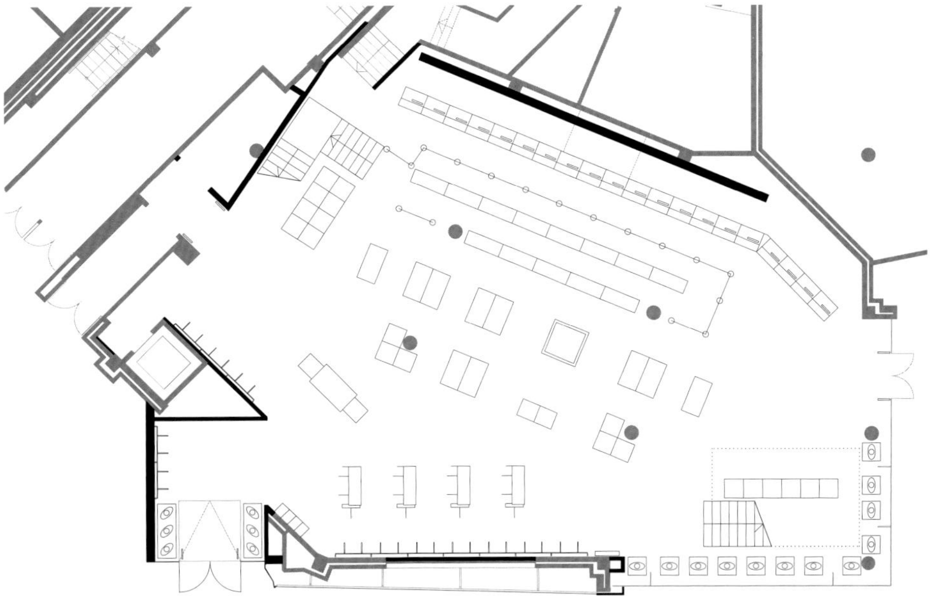

links Chelsea Fanshop, London (GB). Herzstück des Fanshops ist ein Glasturm mit transparenten Böden, der sich in der Mitte des Stores durch beide Geschosse schiebt und Replika aller nationalen und internationalen Vereinspokale ausstellt.
rechts Chelsea Fanshop, Grundriss Erdgeschoss, Maßstab 1:250. Der rund 900 m^2 große Fanshop wurde innerhalb von acht Wochen zwischen den Spielzeiten umgebaut. Um die Besucherströme effizient durch den gesamten Store zu verteilen, verlegten sie die ehemals mittig gelegene Treppe und konzipierten die Erschließung mit zwei separaten Treppen neu.

»Storytelling – Oder die Kunst, eine Geschichte zu erzählen«
Markus Schwitzke, Schwitzke Graphics

Beim Geschichtenerzählen trennt sich schnell die Spreu vom Weizen. Handelt es sich um eine Gutenachtgeschichte und das Kind schläft am Ende nicht, ist es genauso ärgerlich wie etwas humoristisch Erzähltes und keiner in der Runde lacht. Es kann schnell peinlich werden. Im Retail kosten diese Peinlichkeiten unmittelbar Kunden und damit auch Umsätze.
Geschichten müssen gut gemacht, authentisch, relevant sein und zum richtigen Anlass erzählt werden. Am Ende geht es immer um ein eindeutiges Bild oder Klischee, das sie beschreiben – und um die Emotionalisierung von Banalitäten. Das Einkaufen ist ein Ereignis, bei dem es immer mehr um gute Geschichten um das Produkt herum geht. Denn der Kunde von heute ist bestens informiert und konsumgesättigt. Die Schränke sind voll, Bedarfsdeckung war gestern. Der Preis lockt ihn immer weniger vom Sofa, denn will er wirklich günstig einkaufen, wird er im World Wide Web schneller fündig und hält im schnellsten Fall Stunden später bereits den Einkauf in den Händen. Um in Zeiten der Digitalisierung und des Frequenzrückgangs im stationären Handel den Kunden in die Geschäfte zu locken, ist das Geschichtenerzählen deshalb in aller Munde. Es entstehen ganze Marken und Handelsformate, in denen vermeintlich das Thema im Mittelpunkt steht und sogar Teil des Markennamens wird. Zu den inspirierenden Ablegern gehören sicherlich Formate wie & other Stories aus dem Hause H&M oder der Concept Store Story in New York, der alle zwei bis drei Wochen eine komplett neue Produktgeschichte erzählt. Die Krux beim Erzählen von Geschichten ist, dass sie ehrlich sein und von Herzen kommen müssen. Dass das angebotene Produkt eine ähnliche Geschichte vermitteln muss wie der Warenträger, der Laden oder gar die Website. Geschichten brauchen eine Seele, sie müssen ganzheitlich entwickelt oder gewachsen und vor allem richtig gemacht sein. Denn der Kunde entlarvt die falschen Geschichten,

die Mogelpackungen schnell. Hat er Zweifel, bleibt das Portemonnaie meist in der Tasche – das Kind bleibt wach. Die Geschichte ist also wie ein gutes Gericht: Es braucht die richtigen Zutaten und oft einen Protagonisten, um den herum die Geschichte aufgebaut wird. Und natürlich neben einem überzeugten Auftraggeber den richtigen Koch als Entwerfer und Planer.

Der Blick des Außenstehenden ist dabei oft das Entscheidende. Wie man sich bei der Gutenachtgeschichte in das Kind hineinversetzen muss, so sollte man auch ein Retailkonzept aus der Sicht des Kunden entwickeln. Was sucht er eigentlich, wenn er von seiner Couch aufsteht und das Tablet zur Seite legt? Was überrascht ihn, wenn er die Straße entlang geht und was bewegt ihn zum Anhalten? Diesen Fragen kann man sich sehr abstrakt nähern und aufwendige Kundenanalysen durchführen. Oder man beobachtet mit gesundem Menschenverstand das Kundenverhalten in der Realität, letztlich aber auch an sich selbst und fragt bei der Familie oder Freunden Wünsche und Erwartungen ab. Oft sind es die alten Geschichten, die eine Renaissance erleben und frisch erzählt wieder aufleben. Hotels haben als erste den Trend des Geschichtenerzählens aufgegriffen. Es ging mit Designhotels los, die sich mittlerweile zwischen Formaten wie Casa Camper, 25hours und dem Öko-Retreat mit Yoga auf der Alm tummeln. Fortgesetzt wurde dieser Weg in der Gastronomie mit all ihren »Hänsen im Glück«. Seit Anfang der Jahrtausendwende gibt es auf der ganzen Welt Pop-up-Stores, die für kurze und spannende Geschichten sorgen und die Besucher in ihren Bann ziehen. Eine weitere Entwicklung sind Concept Stores mit ihren kuratierten Produktzusammenstellungen und einer improvisiert anmutenden Atmosphäre, die zahlreiche Inspirationen liefert. Heutzutage liegt der Anspruch für neue Retailformate zwischen Treffpunkt, Lieblingsort und realer Bühne für die Geschichten des Virtuellen. Vor allem das Teilen, Liken und Googeln hat eine ganz neue Sicht auf den Laden gebracht. Diese Anforderungen, aber auch neue Sehgewohnheiten der Kunden, müssen in erfolgreiche Storekonzepte übertragen werden. Das Design und die In-Store-Kommunikation müssen dieses Erleben unterstützen, fördern und den Kunden einbinden. Wir wollen mit allen Sinnen erleben und wieder direkt persönlich angesprochen werden. Wir wollen interagieren, erwarten echte Mehrwerte wie den besten Service und Garantien auf Lebenszeit. Wir wollen nicht mehr das Günstigste, sondern das Richtige zum besten Preis sofort einkaufen. Dabei suchen wir den Rat im Digitalen, im Kreis der Gleichgesinnten oder bei unseren eignen Gefühlen und Werten. Die Marke muss diesen An- und Widersprüchen gerecht werden und den Kunden mithilfe des Storytellings informieren sowie überzeugen.

Ein Vorreiter unter den Geschichtenerzählern ist sicher das Warenhaus Manufactum. Mit seinem Slogan »Es gibt sie noch, die guten alten Dinge« und liebevoll zusammengestellten Produktbeschreibungen gewinnen die Produkte an Wert und werden mit der richtigen Geschichte auf das verdiente Podest gehoben. Es kommt also immer auf die Perspektive an. Mit reinen Verkaufsmaschinen kommt man nicht weit. Es sind nur ideenlose Konzepte ohne Mitteilungsbedürfnis. Für einen Retail-Designer hat sich mit diesen Ansprüchen auch sein Job grundlegend verändert. Neben dem erhöhten Spaßfaktor arbeitet er als Schriftsteller, Regisseur und Bühnenbildner in einem. Er muss tief in die Historie, die Stärken und Schwächen der Marke einsteigen, alle Touchpoints analysieren und prüfen, inwieweit eine tragfähige Geschichte vorhanden ist und wie sie sich dem Kunden über alle Kanäle hinweg erzählen lässt. Ist keine Geschichte vorhanden, muss im Zweifel eine erfunden werden. Wenn diese unterhaltend ist und überzeugt, ist auch das legitim. Das Geschichtenerzählen im Retail unterliegt, genauso wie Trends, einem stetigen Wandel. Erfolgreiche Geschichten müssen abstrakt und vielfältig funktionieren, die Räume als Bühne flexibel sein und in den Hintergrund treten, um immer neue Wareninszenierungen oder auch Events zuzulassen. Diese Kurzlebigkeit gibt im Ladenbau oft den Takt vor. Deshalb ist die Investition in die richtige Infrastruktur, das Beheben von Fehlern in der Wegeführung (siehe »Grundrissplanung und Kundenlauf«,

unten Manufaktum in München (DE), landau + kindlbacher architekten. Es reicht nicht mehr ein hervorragendes Produkt herzustellen, heute muss der Händler eine Geschichte dazu anbieten.
ganz unten Nach dem Umbau stören keine hohen Einbauten den Blick über den gesamten Laden. Mit insgesamt 28 Kassen können auch zu Stoßzeiten an den Spieltagen lange Schlangen vermieden werden.
rechts An der »Hero-Wall« können die Besucher Original-Exponate und Fotos der Fußballpieler betrachten.

S. 36ff.), die Eingangssituation oder die Position von Rolltreppen sowie die Nutzung digitaler Hilfsmittel (siehe »Der digitale POS«, S. 68ff.) die Basis für Räume, die eine solche Flexibilität und die thematische Bespielung zulassen. Atmosphärisch entstehen damit Räume, die an Galerien, Ateliers oder Museen erinnern – immer bereit, neben der großen Geschichte auch die vielen kleinen, neu interpretierten Geschichten zu erzählen.

CHELSEA FANSHOP

Planer: Schwitzke, Düsseldorf
Bruttofläche: 912 m² (EG: 348 m², 1. OG: 564 m²)
Planungsbeginn: 03/2015
Fertigstellung: 08/2015
Vertriebstyp: Retail
Ladentyp: Stand alone
Sortiment: Monobrand

FANKULT ZUM ERLEBEN

Auch der Fußball bietet bekanntermaßen schöne Geschichten. Umso bedauerlicher, wenn sie nicht immer erzählt werden. 2015 eröffnete der FC Chelsea seinen neuen Flagshipstore im Stamford Bridge Stadion wieder: ein Megastore über zwei Etagen und etwa 900 m² Verkaufsfläche. Der Auftraggeber hatte es eilig – sehr eilig. Eine Sommerpause zwischen zwei Fußballsaisons sollte für den Umbau reichen. Vier Monate vom ersten Strich bis zur finalen Umsetzung, sportlich eben. Entstanden ist ein Design, das einem ambitionierten Verein, der in der Champions League spielt, entspricht. Eine Atmosphäre, die man in keinem Design Manual findet. Die Gestalter stiegen tief ein, brachten die Besonderheiten der Geschichte ans Licht und verwandelten den Store zum Herzstück des Traditionsvereins. Er wurde durch seine neue klare, blaue Fassade wieder sichtbar und überzeugt durch seine souveräne Wirkung (siehe Abb. S. 128 unten). Die Treppen, die sich vor dem Umbau mitten auf der Fläche befanden, liegen nun am Ende des Raums, damit der Laden ein neue Großzügigkeit ausstrahlt und die Laufwege an Spieltagen für Tausende von Menschen wieder funktionieren. Die Innenräume sind anthrazit und dunkel gehalten. Die Beleuchtung setzt den Fokus auf die größtenteils blauen Merchandise-Artikel. Überall finden sich grafische Zitate aus der visuellen Identität der Marke und des Fußballs, es gibt unzählige Kleinigkeiten zu entdecken. Der Laden ist Museum, Treffpunkt und Verkaufsraum zugleich. Die Glasvitrine mit den Pokalen und Erfolgen des Vereins über zwei Etagen wird zum Lieblingsort für Selfies – der Beweis: »Ich war da«. Jetzt erzählt der Store die passende Geschichte zum Verein und ist in sich rund.

ATELIER PATRIK MUFF

EINE STIMMIGE GESCHICHTE

Storytelling, also die Geschichte von Marke und Produkt zu erzählen, manchmal auch zu erfinden und den Kunden damit einzufangen, zu faszinieren und zu binden, ist eines der wichtigsten Merkmale modernen Ladenbaus geworden. Der Kunde kauft die Story – das Produkt bekommt er dazu.

Die Geschichte des Schmuckateliers von Patrik Muff ist nicht erfunden. Muff erzählt in seinem Laden in der Münchner Ledererstraße eine ganz persönliche Erfolgsgeschichte: Schmuck mit dem Stempel des Designers »steht für zeitgenössische Goldschmiedekunst und die unverwechselbare Handschrift eines Designs, das Liebe zum Handwerk und barocke Ornamentik mit einer Prise P(r)unk in das Hier und Jetzt übersetzt« so die Beschreibung von Bele Muff, die die Öffentlichkeitsarbeit ihres Mannes verantwortet. Schon in frühester Kindheit war Muff fasziniert von bildlichen Darstellungen christlicher Kunst. Symbolhaftigkeit und bedeutungsschweren Attributen konnte er auch während seiner Lehrjahre und Studienzeit mehr abgewinnen als dem damaligen Kurs des Minimalismus. So beeinflussen Epochen die Arbeiten genauso wie ausdrucksstarke Trends der Subkulturen.

Der ausgefallene Schmuck steht als Protagonist im Mittelpunkt und verbindet die Story über alle Touchpoints hinweg, die der Kunde mit der Marke hat. Dazu gehören bei Muff der Laden mit Einrichtung und Dekoration, die Bildsprache der Werbemittel, der Onlineauftritt und nicht zuletzt der Inhaber selbst.

Bemerkenswert beim Atelier des Münchner Goldschmieds mit Kölner Ursprung ist die Tatsache, dass sich durch den stimmigen Auftritt eine eigene Ästhetik entwickelt, der man sich objektiv nicht entziehen kann, unabhängig von der individuellen Begeisterung für seine Stücke.

Das Atelier Muff liegt passenderweise hinter den dicken Mauern eines Stadthauses aus dem 16. Jahrhundert in der Ledererstraße, inmitten der Altstadt, einen Katzensprung entfernt vom Marienplatz. Namensgeber für die schmale Straße mit ihren zahlreichen historischen Gebäuden waren die einst dort ansässigen Lederer und Gerber. So entsteht ein gelungener Spannungsbogen, in dem Muff seinen kostbaren und begehrenswerten Stücken in dieser historischen Umgebung der einstmals anrüchigen Gerberzunft begegnet.

Die selbst entworfene und zusammengetragene Ausstattung des Showrooms mit Schmuckauslagen und einzelnen antiken Vitrinen zeugen von der Leidenschaft für einzigartige Stücke. Jedes ist gleich einem geheimnisvollen Schatz präsentiert.

Fast wie ein Raritätenkabinett muten die wunderkammerartigen Gaubennischen an, die Patrik Muff aufwendig dekoriert. Sie laden den Passanten zum Staunen und Entdecken ein. Die Kassettenfenster einer Flügeltür, Relikt eines herrschaftlichen Hamburger Reederhauses, lassen hinter die Kulissen blicken. Über den Werkbänken thronen Schädel und Geweihe nebst christlichen Vanitas-Darstellungen, Leuchtreklamen und Trouvaillen aus allen Zeiten und Herrenländern – in dieser Zusammenschau liegt der unverwechselbare Genius Loci des Atelier Muff.

Planer: Atelier Muff, München
Verkaufsfläche: 35 m²
(Werkstatt: 30 m²)
Planungsbeginn: 04/2014
Fertigstellung: 05/2014
Vertriebstyp: Retail
Ladentyp: Stand alone
Sortiment: Monobrand

links unten Der Schmuckdesigner in seinem Atelier
oben Das Siegel der Marke
unten Die Schaukästen bieten jedem Unikat seinen eigenen Auftritt.

GRUNDRISSPLANUNG UND KUNDENLAUF

_YME UNIVERSE

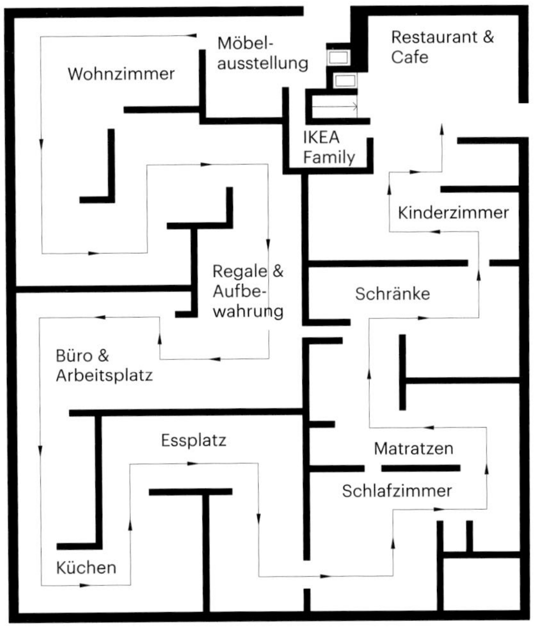

Der rote Faden beginnt bereits im Außenraum. Wenn das Schaufenster und die Fassade das Interesse des Kunden geweckt haben und er den Laden betritt, ist die erste Stufe auf dem Weg zum Kaufabschluss genommen.
Die Planung der Wegeführung dient zunächst der Orientierung im Raum. Der Kunde soll sich möglichst stressfrei auf der Verkaufsfläche zurechtfinden. Das eigentliche Ziel ist allerdings eine strategische Wegeführung, die den Kunden in die Tiefe des Ladens zieht, um ihm einen bequemen Zugang zum gesamten Sortiment zu ermöglichen und ihn direkt an die Ware heranzuführen. Den Weg, den der Kunde dabei wählt, beeinflussen Anregungen, die sich ihm bieten wie z. B. unterschiedlich breite Laufwege und Fokuspunkte. Die Grundlage der Grundrissplanung ist die Sortimentsplanung. Der Auftraggeber legt die Lage des Sortiments im Raum fest, erst danach plant der Innenarchitekt die Wegeführung.
Jeder kennt das Labyrinth der IKEA-Einrichtungshäuser und wer bereits versucht hat, die vorgegebene Route zu verlassen, wird bemerkt haben, wie schwierig es dann ist, zum Ausgang zu finden. Sobald die Kunden sich aber auf die Wegeführung der Ladenplaner eingelassen haben, werden sie durch zahlreiche Musteraufbauten von Wohnlandschaften geführt, die Inspiration zum anschließenden Kauf in der »Markthalle« oder der Möbelhalle geben. In der Kassenzone platzierte Mitnahmeartikel steigern nochmals den Umsatz des Händlers.
Ein ähnliches Prinzip, das jeder aus eigener Erfahrung kennt, wenden Lebensmittelhändler bei der Platzierung von Milchprodukten an. Diese befinden sich in der Regel ganz hinten im Laden, sodass die Kunden auf dem Weg zu dem Produkt des täglichen Bedarfs, auch Suchprodukt genannt, am gesamten Sortiment vorbeigeführt werden. Impulskäufe werden so gefördert und der Umsatz des Händlers erhöht.
Beide Beispiele belegen die Macht und Wirksamkeit eines gut geplanten Grundrisses.

links Das YME Universe in Oslo fand seine Inspiration in der nordischen Auffassung von der Erschaffung der Welt: der Sage von Ymir.
oben Die geschickte Wegeführung in den IKEA-Einrichtungshäusern führt an allen Inspiratationswelten vorbei direkt in die umsatzstarke »Markthalle«. Wer vorher versucht abzukürzen, wird nicht selten damit bestraft, dass er sich verirrt, schließlich frustriert aufgibt und zurück auf »Los« geht.

GRUNDRISSPLANUNG

Die Fachliteratur schlägt Richtlinien vor, um einen Verkaufsraum möglichst übersichtlich zu gestalten. Nach der Einteilung der Funktionszonen in Kunden- und Warenflächen sowie Kassenzone, Umkleidebereich und gegebenenfalls Lagerfläche wird die Wegeführung geplant. Dabei kann man sich an folgenden Richtlinien orientieren[1]:

- maximale Tiefe der Verkaufsfläche von Gang zu Wand: 8 m
- maximale Dichte der Möblierung: 3 Einheiten zuzüglich 1 Wandregal

1 Vgl. Biegel 1994

1 Hauptweg
2 Schaufenster
3 Aktionsfläche
4 Kasse
5 Fokuswand
6 Bar für Shoppingbegleiter
7 Umkleiden
8 Back of House

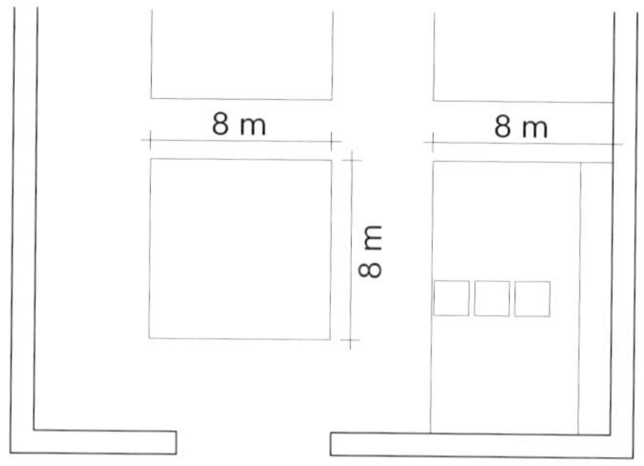

links oben Der Hauptweg in der Blickachse führt den Kunden beim Betreten des Ladens auf die Fokuswand zu. Vom Hauptweg abgehend befinden sich die Nebenwege. Um den Kunden hier hindurchzuführen, muss das Visual Merchandising optische Anreize geben. Die Höhe der Mittelraummöbel steigt von innen nach außen an, damit der Kunde sich orientieren kann. Grundriss, Maßstab 1:200
oben Grundrissaufteilung von Ladenflächen ab ca. 350 m²
rechts Regelhaft läuft der Kunde rechts herum, dabei ergeben sich umsatzstarke und umsatzschwache Zonen auf der Ladenfläche.

- maximale Tiefe der Verkaufsfläche zwischen den Hauptgängen: 8 m
- maximale Höhe der Möblierung: 1,50 m
- maximale Distanz vom möglichen Standpunkt des Betrachters, den man ansprechen möchte, zu Fokuspunkten: 10 m

Die Breite der Laufwege ist durch die Verkaufsstättenverordnung (VKVO) der Länder geregelt. Jedes Bundesland hat seine eigene Verordnung. Die VKVO findet allerdings erst Anwendung für große Verkaufsstätten ab 2000 m². In der Regel gilt für Flächen mit weniger als 500 m² eine Breite von 2,0 m für Hauptwege und eine Breite von 1,5 m für Nebenwege. Der Abstand zwischen den Warenträgern muss mindestens 80 cm betragen.
Bei der Grundrissplanung ist die Breite von Kinderwägen, Rollstühlen und zunehmend auch Rollatoren zu berücksichtigen. Nicht einsehbare Winkel sind bei der Planung zu vermeiden, da sie Diebstahl begünstigen. Das Verkaufspersonal sollte stets den Überblick über die ganze Fläche und die Sicht insbesondere auf begehrliche oder diebstahlgefährdete kleine Produkte haben.

Neben der Ware noch den Raum auf der Fläche für ausgewiesene Kundenbereiche zu finden, ist oft schwierig. Es ist jedoch verstärkt am Markt zu beobachten, dass beispielsweise Kaffeebars in größeren Geschäften Teil des Verkaufskonzepts werden. Der Planer trägt in Absprache mit dem Auftraggeber dafür Sorge, dass die Kundenbereiche optimal in den operativen Ablauf integriert werden, z. B. die Kinderspielecke vom Personal einsehbar ist. Denn nur dann kann die Mutter entspannt einkaufen und die Kinderspielecke hat den gewünschten positiven Effekt auf den Umsatz. Beispielhafte Kundenbereiche sind:

- Kinderspielecke
- Kundentoiletten mit Wickeltisch
- Leseecke
- Lounge/Kaffeebar
- Sitzecke für Begleiter
- Eventfläche/Aktionsfläche/DJ Pult
- Personal-Shopping-Bereich

ZONIERUNG UND FLÄCHENWERTIGKEIT

Menschen bzw. Kunden blicken, greifen und laufen nach rechts, zumindest wenn eine rechte und linke Gehrichtung gleichwertig möglich sind. Man nennt das den Rechtslauf. Interessanterweise verkehrt sich das bei Linkshändern und in Ländern, in denen Linksverkehr herrscht, ins Gegenteil – wichtig zu wissen bei Planungen beispielsweise für den britischen Markt.

Der Kunde bevorzugt bei seinem Weg durch den Laden generell die Außengänge, zudem wählt er den kürzesten Weg und spart dabei Ecken nach Möglichkeit aus. Aus diesem regelhaften, unbewussten Verhalten der Kunden leiten sich bestimmte Wertigkeiten der Verkaufsfläche und somit Grundlagen für die Planung des Kundenlaufs ab. Die Auseinandersetzung mit dem Produkt und Kenntnis über die gewünschte Sortimentsstrategie des Händlers ist die Basis. Einige Platzierungsstellen im Laden fallen dem Kunden besonders ins Auge, während andere Stellen weniger beachtet werden. Strategische Warenplatzierungen sind möglich: In den umsatzstarken Zonen wird entweder knapp kalkulierte Ware wie z. B. Sonderangebote oder Artikel platziert, deren Umsatz man steigern möchte, oder gut kalkulierte Produkte, an denen der Händler viel verdient. An umsatzschwachen Zonen im Laden werden sogenannte Suchartikel angeordnet, wie z. B. die Milch im Lebensmittelgeschäft.
Die Platzierung von Waren im Laden entscheidet oft über »Penner oder Renner«. Eine Umplatzierung bringt manchmal überraschende Ergebnisse mit sich, sodass ein wenig beliebtes Produkt zur Erleichterung des Händlers plötzlich reißenden Absatz findet.

Eingangszone
Die Eingangszone wird von den meisten Menschen schnell durchschritten. Der amerikanische Soziologe und Konsumforscher Paco Underhill stellte durch Marktstudien fest, dass jedes Geschäft eine Übergangszone oder einen Bereich hat, in dem Kunden beginnen, das Tempo zu verlangsamen und vom »Außen« im »Innen« anzukommen. Er nennt den Bereich »Shopper's Landing Strip« oder »transition zone«, was so viel wie Lande- oder Übergangzone heißt. In diesem Bereich präsentierte Ware wird mit großer Wahrscheinlichkeit vom Kunden nicht wahrgenommen. Eine Strategie kann die Platzierung von Sonderangeboten und Impulsartikeln in dieser Zone sein, um das Lauftempo des Kunden zu verlangsamen. Eine weitere Möglichkeit ist, ein großes horizontales Display anzubringen. Dieses wirkt als Barriere, Kunden verlangsamen den Schritt, der Übergang von außen nach innen ist vollzogen.

Randzone
Zu den Randzonen rechnet man die von der nach rechts gerichteten Blickrichtung des Kunden begünstigten Teile der Wandregale. Da sie sehr umsatzstark sind, bietet es sich an, hier Artikel zu platzieren, die man forcieren will.

Mittelzone
Vom Kundenlauf weniger begünstigte Mittelzonen können durch die Platzierung von Suchartikeln oder durch Inspirationspunkte attraktiv werden.

Kassenzone
Eine durchaus wichtige Zone für den Umsatz ist die Kassenzone (siehe »Die Kassenzone«, S. 90ff.). Diese eignet sich für die Platzierung von Mitnahmeartikeln, die den Kunden durch häufig entstehende Zwangspausen zu Impulskäufen anregen.

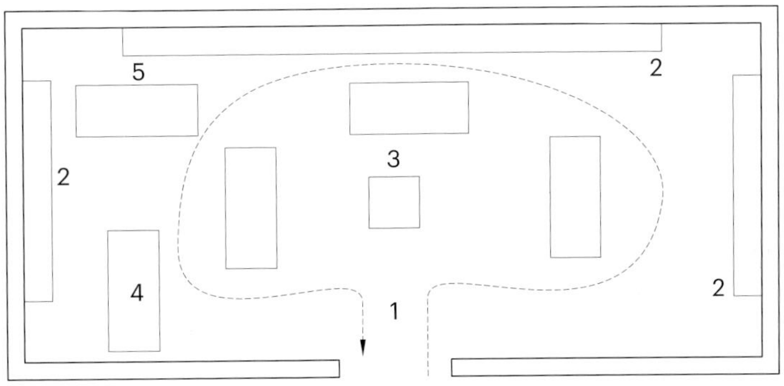

1 Eingangszone
2 Randzone
3 Mittelzone
4 Kassenzone
5 Beratungszone

Beratungszone

Zu den Funktionszonen im Laden zählt die Beratungszone, in der der Kunde möglichst ungestört Auskunft und Information vom Personal erhalten soll. Es empfiehlt sich daher, sie außerhalb des Haupt-Kundenstroms anzuordnen.

Flächenwertigkeit

Nicht jede Zone in einem Geschäft verspricht den gleichen Erfolg bei den Umsätzen. Es ist daher zu unterscheiden in

- umsatzstarke Zonen: rechts vom Kundenlauf, Außengänge, Fokusinseln
- umsatzschwache Zonen: Eingangszone, Ladenecken, Mittelzone, Kassenbereich

ORIENTIERUNG IM RAUM

Die Orientierung im Raum erfolgt in der horizontalen Blickachse durch Orientierungspunkte an den Wänden und über die Platzierung der Möbel und Fokusinseln. In der Fernwirkung über die Horizontlinie hinaus bis hin zur Decke arbeitet der Planer dabei in allen Dimensionen, mit der eingangs erwähnten Zielsetzung: nämlich den Kunden buchstäblich in den Laden zu ziehen und Blickachsen zu entwerfen. Der Begründer der strategischen Dramaturgie, Christian Mikunda, bezeichnet solche Blick- und Wegachsen als Spannungsachsen[2], an deren Ende kraftvolle Ziele sichtbar sind. Dadurch werden Menschen in Bewegung gesetzt und der Kunde vorbei an Warenwelten in die Tiefe des Ladens gezogen.

Fokuspunkte

Fokuspunkte dienen dazu, den Kunden auf bestimmte entfernt befindliche Waren aufmerksam zu machen, seinen Blick und seinen Weg so durch den Laden zu lenken und ihm den Wechsel zwischen Warengruppen zu verdeutlichen. Die Positionierung von Fokus- oder Inspirationspunkten wird bei der Grundrissplanung festgelegt. Bei ihrer Gestaltung gibt es keine Grenzen. Üblicherweise setzen jedoch Requisiten, Büsten und

links Die Anordnung der Ware im Arenaprinzip erleichtert dem Kunden die Orientierung im Raum.
rechts oben Die drei Ebenen der Wahrnehmung
rechts unten Wegeführung im sogenannten Loop

[2] Mikunda 2014, S. 41

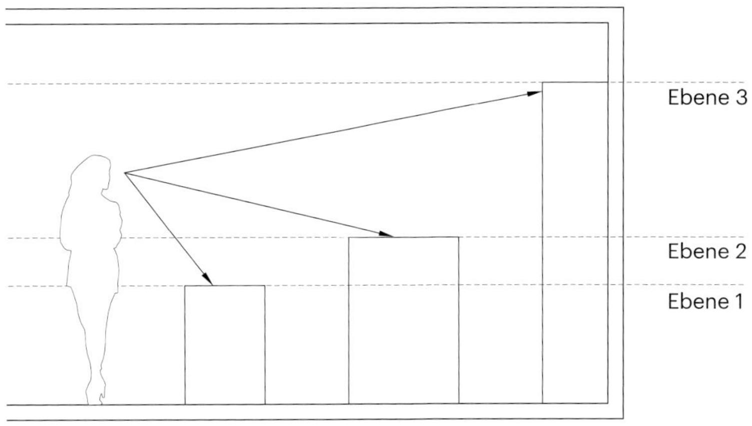

Schaufensterpuppen die Ware und die Marke in Szene. Auch Bildmotive und Bewegtbilder schaffen einen Fokuspunkt. Wichtig ist zudem der Einsatz von Licht, um diesen in Szene zu setzen.

Arenaprinzip
Das Arenaprinzip ist ein Begriff aus dem Visual Merchandising. Der Kunde soll vom Mittelpunkt des Ladens her alles gut erfassen und sich orientieren können. Aus diesem Grund werden Waren vom Mittelraum zur Wand hin treppenartig ansteigend präsentiert. Bei großen Flächen bedeutet die Umsetzung des Arenaprinzips das Anheben ganzer Abteilungen, wenn sie aus großer Entfernung wahrgenommen werden sollen.

Das Grundprinzip der drei Ebenen
Die Rückwand wird als Erstes wahrgenommen und dient der Orientierung im Raum. Über den Warenträgern, die zwischen dem Kunden und der Wand stehen, ist beim Betreten des Geschäfts oder der Abteilung für den Kunden immer ein Streifen Rückwand sichtbar, die dritte Ebene. Das oberste Wandfeld dient der Ferndistanz-Information. Aus einer Entfernung von 8 bis 11 m ist bereits ablesbar, welche Ware an dieser Wand oder in diesem Bereich zu finden ist (siehe »Zonen in der Wand«, S. 78).
Ab einer Entfernung von ca. 8 m nimmt der Kunde die zweite, mittlere Ebene wahr. Die Funktionsfähigkeit dieser Ebene wird durch eine aussagefähige Warenpräsentation gelenkt. Spricht sie den Kunden an, wird er sich ihr weiter nähern.
Die unterste Ebene nimmt der Kunde erst wahr, wenn er direkt davor steht. Deswegen dient ihre Aussage nicht mehr der Orientierung und Attraktion, sondern soll eine rationelle Kaufentscheidung herbeiführen.

Die Rückwand
Die Rückwand hat im Verkaufsraum den höchsten Stellenwert. Ihre Gestaltung gibt den Ausschlag, ob der Kunde bis zu ihr vordringt und so das gesamte Sortiment bis dorthin erfasst, oder ob er vorher die Richtung wechselt. Besonders wichtig ist dabei eine gezielte Ausleuchtung. Die Höhe der Warenpräsentation ist jeweils abhängig vom Abstand den der Betrachter dazu einnimmt.

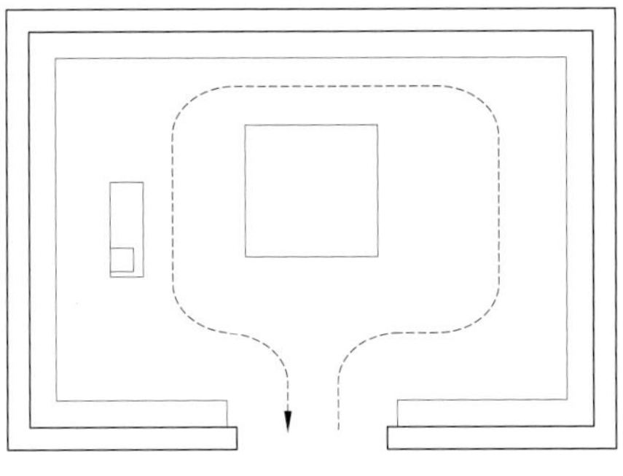

KUNDENLAUF
Unabhängig von der Größe des Ladens wird angestrebt, dem Kunden einen Rundlauf – den sogenannten Loop – zu ermöglichen, damit er keinen Weg doppelt gehen muss. Die Wegeführung setzt sich aus den Hauptverkehrswegen und den Nebengängen zusammen. Bei Geschäften, die sich über mehrere Etagen erstrecken, liegen die Hauptverkehrswege meist zwischen dem Eingang und den Treppenaufgängen, um die Kunden gezielt in die weniger frequentierten oberen und unteren Etagen zu führen.

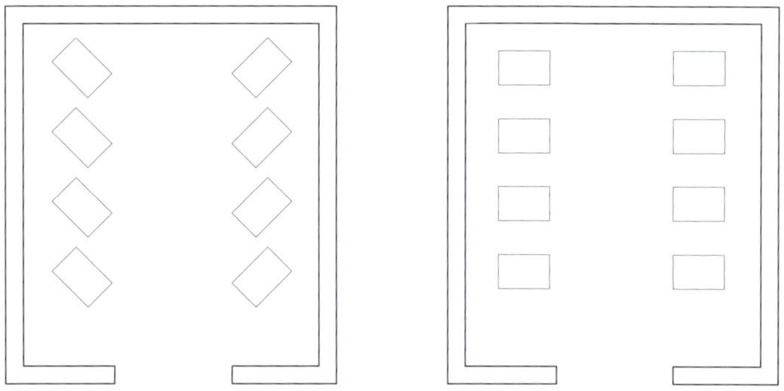

PRÄSENTATION ENTLANG DES KUNDENLAUFS

Der Schlüssel zum Verkauf liegt darin, dass der Kunde das Produkt im Laden leicht findet. Paco Underhill empfiehlt, Warenträger diagonal zum Kundenweg anzuordnen. Der Kunde sieht mehr Ware im Vorbeigehen.[3] Die Logik dahinter ist, dass er umso mehr kauft, je mehr er sieht. Ein Nachteil hierbei ist jedoch, dass die Fläche im Vergleich zur traditionellen rechtwinkligen Aufstellung der Warenträger nur 80 % der Ware aufnehmen kann.

[3] Underhill 2000
[4] aufbügeln: Ware zur Präsentation im Laden auf Kleiderbügel hängen
[5] Handlager: kleines Lager in greifbarer Nähe zum Verkaufspersonal, in der Regel auf der Verkaufsfläche integriert
[6] Steamer: Dampfglätter für Kleidung, elektrisches Standgerät

BACK OF HOUSE

Dieser Begriff, kurz BOH, ist eine Bezeichnung, die ursprünglich aus der Hotellerie stammt und meint dort alle Bereiche, die für den Gast oder Kunden nicht einsehbar sind. Im Laden sind dies die notwendigen Nebenflächen wie die Mitarbeiterumkleide, die Teeküche, das Büro, das WC und das Lager. Da das Verkaufspersonal den Laden normalerweise nicht verlässt, sind die BOH-Bereiche in der Regel Teil des Ladens und von dort direkt erreichbar. Oft wird auch in Bruttofläche und Verkaufsfläche unterschieden – die Differenz steht in diesem Fall für die notwendigen Nebenflächen zur Verfügung. Sie sind Platzräuber auf der Gesamtfläche und als sogenannte No Sales Area vom Händler nicht geliebt und daher möglichst gering zu halten. Auch legt der Auftraggeber dafür meist weniger Budget pro Quadratmeter zugrunde als für die Verkaufsflächen. Umso mehr bedürfen sie der Aufmerksamkeit des Planers, denn clever geplant, wird die Fläche optimal genutzt und alles, was für den reibungslosen Betrieb eines Geschäfts unerlässlich ist, spielt sich dann dort vom Kunden unbemerkt ab. Denn wenn das BOH unzureichend geplant ist, wird das Verkaufspersonal gezwungenermaßen auf die Verkaufsfläche ausweichen – sichtbar für den Kunden.

Der Planer muss sich vor Augen halten, dass der Laden der Arbeitsplatz des Verkaufspersonals ist. Dessen Hauptaufgabe ist die Beratung von Kunden auf der Verkaufsfläche. Jedoch gibt es weitaus mehr als das zu tun, um einen Laden zu betreiben: Es wird erwartet, dass die Ware einwandfrei präsentiert und der Laden stets sauber ist, dass die Mitarbeiter Umsätze täglich in die Zentrale kommunizieren, Kundenbestellungen und Reklamationen bearbeiten, Schichtpläne erstellen sowie Warenlieferungen annehmen etc. Es gilt also eng mit dem Verkaufspersonal abzustimmen, was gebraucht wird und beim Vertrieb zu erfragen, wie oft Ware geliefert wird. Denn das häufigste Problem sind Warenlieferungen, die bis zum Auspacken, Aufbügeln[4], Sichern und Erfassen der Ware auf der Verkaufsfläche stehen, da das Lager zu klein geplant wurde.
Man sollte zudem im Hinterkopf behalten, dass die Verkäufer die Botschafter der Marke sind und zufriedene Mitarbeiter ein besseres Markenbild im Laden ausstrahlen als gestresste. Also sollte es das Ziel sein, deren Arbeit so gut es geht zu erleichtern. Bei der Planung der verschiedenen Räume sind einige grundlegende Dinge zu beach-

oben links Anordnung der Mittelraummöbel im 45°-Winkel zum Hauptweg machen die Stirnseiten der Möbel nutzbar, da sie sichtbar sind.
oben rechts Anordnung der Mittelraummöbel 90° zum Hauptweg schaffen mehr Platz für Ware, inspirieren den Kunden aber weniger zu Impulskäufen.
unten Aesop Store, Oslo (NO), Snøhetta: Eine Teeküche mit Zweiplatten-Kochfeld, Spülmaschine, Kühlschrank und Spülbecken (mit hoher Armatur für einen Wischeimer) ist in der Regel ausreichend für die Pausen der Mitarbeiter.
rechts Maklerbüro JP, Wien (AT), BEHF Architekten. Eine fast unsichtabre Tapetentür führt zum BOH.
rechts unten JP, Wien (AT), Grundriss, Maßstab 1:100

ten bzw. vorzusehen. Die geltenden Arbeitsstättenrichtlinien (z. B. ASR A 4.1 und 4.2) geben Auskunft über die geforderte Größe und Ausstattung.

Lager

- Die Größe des Lagers richtet sich nach Häufigkeit und Umfang der Warenlieferungen. Der Vertrieb sollte die Größe festlegen.
- Wird die Ware gleich ausgepackt, bietet es sich an, ausrangierte Ladenausstattungen im Lager einzubauen, da die Ware dann fertig aufgebügelt gelagert werden kann.
- Das Lager muss in der Regel abschließbar sein.
- Oft befindet sich das Lager extern auf einer Kellerfläche. In dem Fall ist in Rücksprache mit dem Verkauf ein größeres Handlager[5] auf der Fläche einzuplanen.

Teeküche

- Die Teeküche dient primär als Pausenraum und benötigt dementsprechende Ausstattung (kleine Spülmaschine, kleiner Kühlschrank, Spülbecken, Stauraum für Geschirr und Besteck, Sitzmöglichkeit).
- Die Armatur am Spülbecken sollte hoch genug zum Füllen eines Putzeimers sein.
- Manchmal dient die Teeküche auch bei Kundenevents zur Vorbereitung von Getränken und Catering. Dann muss in Absprache mit dem Auftraggeber die Teeküche dementsprechend größer geplant werden. Das Marketing gibt Auskunft, ob Kundenevents stattfinden.
- Oft werden in der Teeküche auch Putzmittel und -utensilien gelagert. Besen, Putzeimer und Staubsauger brauchen einen festen Platz.
- Bei Modehändlern sollte in der Teeküche oder im Lager noch Raum für ein Bügelbrett und einen Steamer[6] sein.
- Immer gebraucht wird ein kleines Sortiment an Werkzeug, eine große Leiter und rollbare Tritthocker, die sogenannten Elefantenfüße.

WC

- Im Shoppingcenter befindet sich die Toilette meistens nicht im Laden, sie muss also in diesem Fall nicht mitgeplant werden.
- In allen anderen Läden wird die Toilette für Mitarbeiter gegebenenfalls auch als Kundentoilette genutzt, denn diese ist keine verpflichtende Einrichtung. Als zusätzlichen Service für die zahlende Kundschaft sehen jedoch immer mehr Händler eine eigene Kundentoilette vor.

Mitarbeiterumkleide

- Ideal ist ein Ganzkörperspiegel zur Kontrolle des Erscheinungsbilds, mindestens jedoch ein Spiegel für das Gesicht.
- Ein abschließbarer Schrank (gegebenenfalls pro Mitarbeiter) für persönliche Gegenstände und Kleidung wie Handtasche, Mantel und Schuhe etc. ist vorzusehen.

1 Eingang
2 Verkaufsraum
3 Büro
4 WC
5 Teeküche

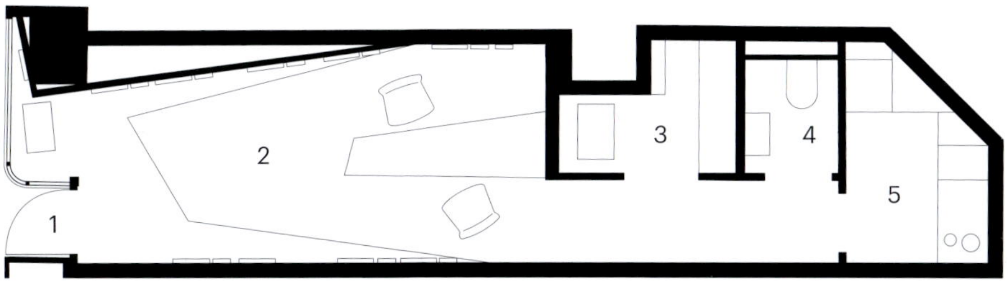

Büro

- Ein Schreibarbeitsplatz benötigt in der Regel Raum für PC, Bildschirm und Tastatur, drei bis vier Aktenordner sowie ein Telefon.
- Der EDV-Anschluss und welche Geräte benötigt werden, ist mit der IT-Abteilung des Auftraggebers abzustimmen.
- Oft werden hier die Schaltungen für Elektro, Musik und Alarmanlage zentral installiert.
- Manche Läden benötigen einen Tresor, der sich üblicherweise im Büro befindet.
- Im Idealfall hat das Büro einen Sichtbezug zur Eingangstür, mindestens sollte jedoch die Türglocke im Büro zu hören sein. Das Verkaufspersonal sollte sich üblicherweise nicht länger im Büro aufhalten, aber die Praxis zeigt, dass es oft anders ist.

YME UNIVERSE

FÜHRUNG DURCH DIE SAGENWELT

Das YME Universe in Oslo befindet sich in einem historischen Gebäude aus dem Jahr 1844 zwischen dem Königlichen Palast und dem Parlament in der Karl Johans Gate, einer der wichtigsten Einkaufsstraßen in Norwegen. Der dreigeschossige Concept Store ist laut Eigendefinition ein kuratiertes Universum für Mode, Kunst, Inneneinrichtung und Design. Das Ladenbaukonzept entwickelten die Betreiber des YME Universe – die YME Studios – gemeinsam mit dem norwegischen Architekturbüro Snøhetta. Im 1000 m² großen YME Universe findet der Kunde Mode, Schuhe und Accessoires sowie eine Kunstgalerie, eine Buchhandlung, ein Café und eine Dachterrasse. Regelmäßig finden Kunstausstellungen und Happenings rund um das Thema Mode statt.
Um dem dreigeschossigen Concept Store den richtigen Rahmen zu geben, arbeiteten die Macher des YME Universe ein halbes Jahr lang gemeinsam an der Ladenbaukon-

Planer: YME Studios mit Snøhetta, Oslo
Verkaufsfläche+BOH: 1000+200 m²
Planungsbeginn: 01/2014
Fertigstellung: 09/2014
Vertriebstyp: Wholesale
Ladentyp: Stand alone
Sortiment: Multibrand

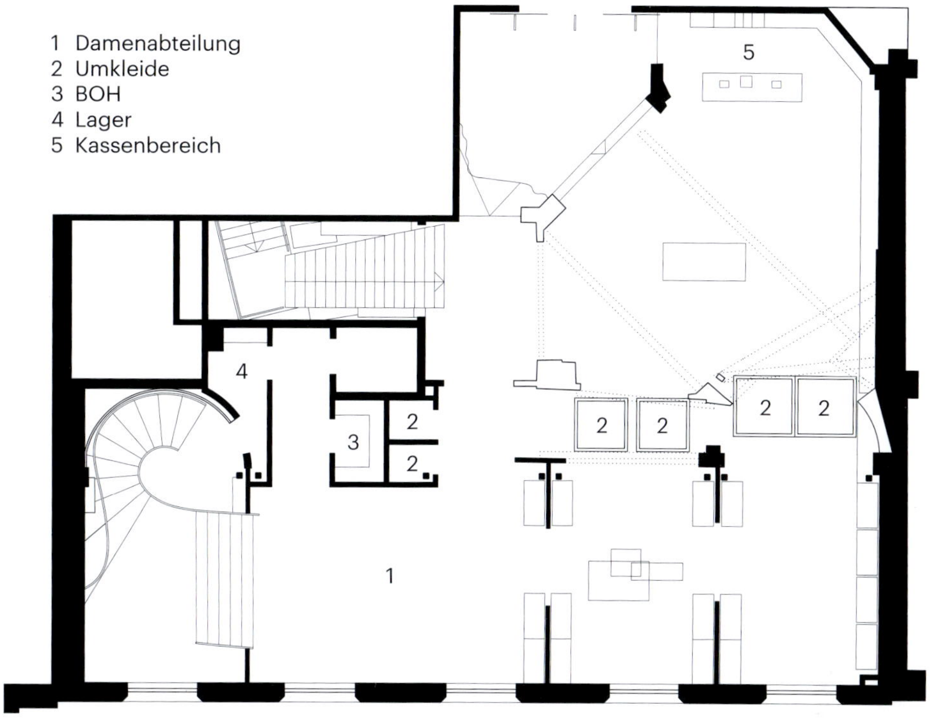

zeption. Das Ziel war es, einen Laden zu schaffen, der absolut einzigartig ist in Oslo, Norwegen und dem Rest der Welt.

Der Concept Store fand seine Inspiration und seinen Namensgeber in der nordischen Geschichte der Schöpfung mit dem Vorfahren aller Riesen, Ymir, der aus eisigen Flüssen entstanden war und der Sage nach von den drei Göttern Odin, Vé und Vili getötet wurde, um aus seinen Körperteilen die Welt zu erschaffen. Es war der Wunsch der Auftraggeber, dass das kreative Chaos, das die Sage beschreibt, im Store zum Ausdruck kommt und für den Kunden erfahrbar wird. Und so lässt sich »die Frage nach dem logischen Kundenlauf im YME Universe nicht so leicht beantworten«, sagt Marlene Fenger Vedal von Snøhetta. »Straight Store Design versus Mythology« – also starre Richtlinien wirtschaftlicher Ladengestaltung und Planung im Widerstreit mit der Erzählung einer mystischen Geschichte, so beschreibt sie den Planungsprozess.

Direkt am Haupteingang wird der Kunde von einer 25 m langen Skulptur aus Kiefernholz begrüßt, die die Geschichte von den zwölf Flüssen erzählt, aus denen der Riese erstand. Die Skulptur bietet bereits im Außenbereich einen imposanten und interessanten Blickfang und verbindet das Innen mit dem Außen. Im Gegensatz zu anderen Geschäften oder Kaufhäusern, die bereits im Schaufenster das gesamte Sortiment präsentieren, stehen bei YME Schaufensterpuppen im Inneren des Ladens. An Gruppen von drei bis vier Figuren, die frei auf der Fläche angeordnet sind, findet der Kunde Inspirationspunkte und entdeckt die Ware für sich.

Die Reise beginnt im Erdgeschoss: Die 180 m^2 große unterste Ebene des YME Universe widmet sich dem Thema Eis und Kälte. Sie thematisiert die Welt kurz bevor Ymir geboren wurde. Die Entwerferin Marlene nannte den Bereich »Eiszeit« und wählte Materialität und Farbklima entsprechend. Hier findet sich heute leicht verkäufliche Ware im niedrigeren Preissegment wie Sneakers, Magazine und Gadgets, um Kunden in den Laden zu ziehen. Das war nicht immer so. Im Eröffnungsjahr waren dort noch hochpreisige Waren präsentiert, die viele Kunden glauben ließen, YME sei ein Laden für Luxusartikel und das Geschäft daher nicht betraten. Seit der Änderung der Sortimentsplatzierung verdoppelte sich der Umsatz der Fläche, gibt Richard Scharnke von YME Studios Auskunft.

links Nachträglich ergänzte Beschilderung vereinfacht den Kunden die Orientierung.
oben links Das als Ausstellungsraum genutzte 12 m hohe Treppenhaus birgt ein einzigartiges Raumerlebnis und sorgt so für zusätzliche Besucherfrequenz.
oben rechts Grundriss 1. Obergeschoss, Maßstab 1:200

Vertikal lassen sich die Stockwerke entweder über das angrenzende Shoppingcenter oder über innen liegende Treppenhäuser erschließen, die einzigartig gestaltet sind. Ihre Lage und Form ergab sich aus der historischen Gebäudesubstanz. Sie sind als Kunstausstellungsräume konzipiert und genutzt und lassen teilweise den Blick über mehrere Geschosse frei. Aufgrund ihrer außergewöhnlichen Gestaltung und Nutzung gibt es Besucher, die allein ihretwegen kommen. Den Aspekten Brandschutz und Rettungswege kam trotz der großen Fläche kaum Planungsaufwand zu, da der Laden an das Shoppingcenter angrenzt. Diese Tatsache vereinfachte die Entwurfsaufgabe, da notwendige Fluchtwege bereits vorhanden waren.

Im ersten Stock mit einer Größe von rund 400 m^2 befindet sich die Damenabteilung. Die Fläche ist in einzelne Segmente unterteilt. Die Fokusfläche in der Mitte des Raums stellt die High-Fashion- und Luxusware aus. Direkt angrenzend daran befindet sich die Kassenzone, um potenziellen Ladendiebstahl durch die offensichtliche Überwachung zu verhindern. Entlang der Wände ist Ware des Mittelpreissegments ausgestellt. Obwohl es ein Sicherungssystem gibt, ist Diebstahl ein Thema, mit dem die Macher des YME täglich umgehen müssen. Und so gibt es im Laden Flächen, die schlecht mit Ware bestückt werden können, da sie nicht vom Verkaufspersonal einsehbar sind. Ein System aus aufeinander abgestimmten Spiegeln könnte an dieser Stelle

links Im ersten Obergeschoss dominieren warme und erdige Farbtöne und Materialien. In dieser Etage, die die Erschaffung der Welt symbolisiert, wird Mode für Frauen angeboten.
rechts oben Der dunkle Aufgang zur Herrenabteilung im zweiten Obergeschoss lässt bereits erahnen, dass die Gestaltung sich hier erneut ändert.
rechts unten Thematisch ist das Erdgeschoss der Geburt des Riesen Ymir gewidmet, der aus eisigen Flüssen erstand. Die Farbgebung ist daher in überwiegend kalten Farben gehalten. Die Sneakers-Wand ist ein Frequenzbringer.

helfen, den Einblick für das Verkaufspersonal zu ermöglichen und Diebstahl im Idealfall zu verhindern.
Thematisch findet zwischen dem Erd- und dem Obergeschoss eine Entwicklung statt. Die kalt wirkende Farbgebung wandelt sich zu einer wohnlicheren und lebendigeren Atmosphäre: Massives Holz und warme Brauntöne symbolisieren die Erschaffung der Welt. Fenster, die auf die belebte Einkaufsstraße hinausgehen, lassen Tageslicht ein. Mit dem Wunsch, so viel bestehende Gebäudesubstanz wie möglich zu erhalten, wurde ein großer Teil des historischen Fachwerks freigelegt, das nun die besonderen Eigenheiten des Gebäudes hervorhebt.
Von der ersten Etage gelangt man schließlich über eine gewendelte Treppe aus Rohstahl in das zweite und oberste Geschoss, das die Herrenabteilung, das Café und einen Buchladen beherbergt. Hier ist der Mord an dem Riesen das bestimmende Thema: Rohe, schwarze Metalloberflächen symbolisieren auf weiteren 400 m^2 Verkaufsfläche Waffen und Gewalt.

Die Macher des YME Universe haben in den zwei Jahren seit der Eröffnung viel Erfahrung gesammelt und mussten ihren Weg teilweise korrigieren. Die Idee des mythischen Chaos blieb zwar erhalten, aber einige kleine Veränderungen am Ladenbau waren nötig, um profitabler zu wirtschaften. Denn die Lage des YME Universe ist nicht nur eine der besten und am höchsten frequentierten in Norwegen, sondern auch eine mit der höchsten Miete. Um die Umsätze mithilfe von zusätzlich angebotenen Waren zu steigern, wurden beispielsweise mehr Produktdisplays auf die Fläche gebracht, als ursprünglich geplant war. »Ein Geben und Nehmen zwischen Architektur, Design und Einzelhandelserfahrung«, nennt es Richard Scharnke. Auch ein Beschilderungssystem war bei der Eröffnung zunächst nicht vorgesehen. Die Planer wollten, dass der Kunde in der mystischen Welt auf Entdeckungsreise gehen muss, um seinen Weg zum Produkt zu finden. Besonders versteckt liegt dabei die Herrenabteilung. Diese erreicht man nur, wenn man die Damenabteilung durchquert. Da dieses Konzept nicht den erwünschten Erfolg hatte, wurde in der Zwischenzeit in allen Bereichen eine diskrete Beschilderung nachgerüstet.
Momentan entfaltet der Buchladen, der sich in jener Herrenabteilung befindet, noch nicht das Umsatzpotenzial, das man sich wünscht, so Richard Scharnke. Hier wird eventuell ebenfalls bald etwas nachgebessert. Das YME-Universum verändert sich also weiterhin.

BRANDSCHUTZ

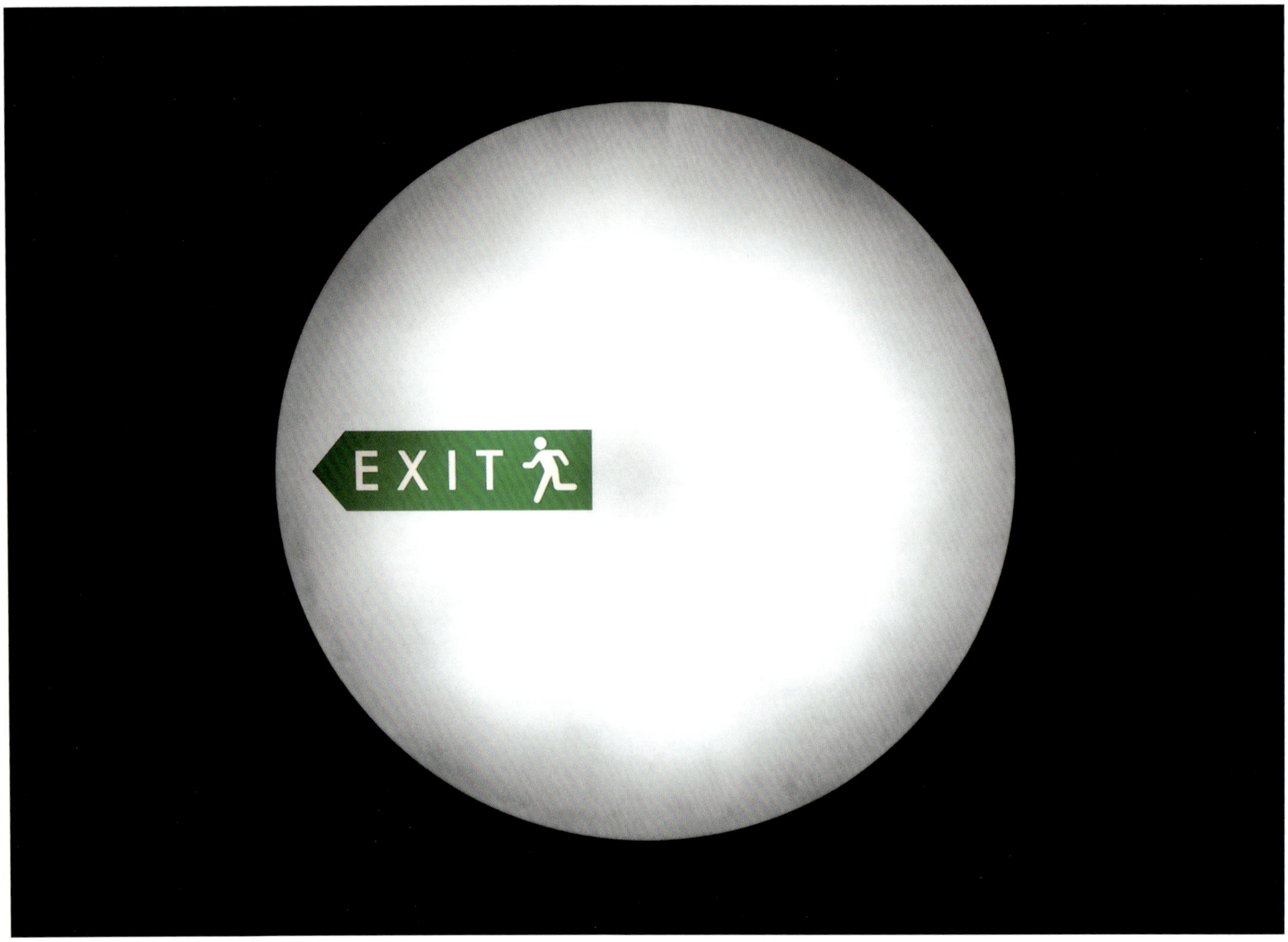

GRUNDSÄTZE DER PRODUKTPRÄSENTATION

Das Produkt ist der Star! An der richtigen Stelle im Laden platziert und gut in Szene gesetzt, wird es sich verkaufen und dem Händler Umsatz bringen. Hilfreich bei der Planung ist es, sich zunächst die Grundsätze der Produktpräsentation vor Augen zu halten. Der Entwerfer sollte sich also zunächst intensiv mit dem Produkt und dessen Präsentation beschäftigen und alles darüber wissen. Ansprechpartner zu Fragen rund um Produkt und Sortiment ist üblicherweise der Visual Merchandiser. Im Regelfall legt dieser auch fest, wie die Produkte gruppiert und im Laden angeordnet werden.

Verkaufsgerechte Präsentation

Umsatzstarke Artikel, sogenannte Bestseller oder auch Rückgratprodukte, sollten in Absprache mit dem Auftraggeber strategisch platziert werden (siehe »Grundrissplanung und Kundenlauf«, S. 36ff.). Der Händler macht mit diesen Produkten den meisten Umsatz und hat durch die geschickte Platzierung die Möglichkeit, die Kunden gezielt an anderen Produkten vorbeizuführen. Der Wunsch nach verkaufsgerechter Präsentation steht beim Händler oft an erster Stelle.

Warengerechte Präsentation

In der Regel gilt es, die Ware gemäß ihren Produkteigenschaften zu präsentieren und zu lagern. So wird ein Koffer anders präsentiert als eine Bluse. Das jeweils geeignete System schlägt der Planer vor. Dabei ist es wichtig, darauf zu achten, dass die Ware bei der Lagerung im Laden keinen Schaden nimmt. So könnte sich der Koffer beispielsweise verformen, wenn er hängend präsentiert würde, statt aufrecht auf einem Bord zu stehen. Das Produkt wäre dann nicht mehr zum vollen Preis zu verkaufen und der Händler hätte einen Schaden.

links Bei Kauf Dich glücklich gestalten die Inhaber den Laden selbst.

Kundengerechte Präsentation

Ziel bei dieser Art der Präsentation ist die rasche Orientierung und Information des Kunden und dessen schneller Zugriff auf die Ware. Zum Grundsatz der kundengerechten Präsentation gehört es zudem, einen Laden in Verkaufszonen zu unterteilen. In der Zone für Selbstbedienung befindet sich das Warenangebot für informierte Kunden mit wenig Zeit. In der Bedienzone wird an diejenigen Kunden verkauft, die sich Beratung wünschen (siehe »Zonierung und Flächenwertigkeit«, S. 38ff.). Zu einer kundengerechten Präsentation zählt auch die Schaffung einer »Wohlfühlatmosphäre« wie beispielsweise das Angebot von Sitzmöglichkeiten.

Verkäufergerechte Präsentation

In Bediengeschäften muss das Verkaufspersonal, vor allem beim Thekenverkauf, die Ware möglichst schnell und einfach erreichen und dem Kunden vorlegen können. Die Waren werden in den Warenträgern so untergebracht, dass umsatzstarke, häufig verlangte Artikel leicht zu erreichen sind.[1]

[1] Vgl. Lachenmann 1991

DAS PRODUKT

Neben den grundsätzlichen Überlegungen zur Warenpräsentation im Raum und an der Wand, muss sich der Planer intensiv mit dem einzelnen Produkt und dessen Eigenschaften auseinandersetzen, um in der Detaillierung keinen Fehler zu machen und es unter Erreichung der vorgegebenen Zahlen zum Warendruck[2] mithilfe des Ladenbaus in Szene zu setzen. Produkteigenschaften, die der Planer kennen muss, um das richtige System und die richtige Bestückung zu wählen sind:

- Maße des Produkts gegebenenfalls inklusive Clip, Hänger o. Ä.
- Gewicht des Produkts inklusive Verpackung

Das Gewicht des Produkts wird vor allem in der Multiplikation wichtig. In umsatzstarken Phasen wie z. B. Weihnachten wird oft umfangreicher bestückt als in der übrigen Zeit. Um zu vermeiden, dass beispielsweise Abhängearme bei maximaler Bestückung durchhängen, sollte man diese ausreichend stark dimensionieren.
Der Visual Merchandiser legt fest, wie das Produkt präsentiert wird:

- hängend, liegend oder stehend
- am Clip, Bügel oder anders hängend
- frontfacing[3] oder sidefacing[4] oder Wechsel zwischen beidem
- verpackt oder unverpackt

Weiterhin muss bekannt sein:

- Position der Warensicherung
- Saisonabhängigkeit der Produkte
- Besonderheiten des Etiketts (Position, Größe, Gewicht)
- Gewicht, Abmessungen und Materialität des Bügels, an dem das Produkt hängt

Die Länge des Produkts muss bei der Planung der Höhen des Tragsystems immer gemeinsam mit der Länge des Clips oder Bügels gerechnet werden, an dem es gegebenenfalls hängt, damit übereinander angeordnete Produkte nicht aneinanderstoßen.
Das Material des Kleiderbügels (Metall, Plastik, Holz) steht oft im Zusammenhang mit dem Storedesign. Unter Umständen wird der Planer bei einer Neugestaltung des Ladens empfehlen, auch das Design der Bügel zu überdenken und dem neuen Ladenbau in Materialität und Look anzupassen. Manche Unternehmen lassen eigene Bügel mit Logo, angepasst an die Bedürfnisse der Ware produzieren. Kritisch ist der Abrieb an lackierten Tragstangen durch Kleiderbügelhaken aus Metall. Der Abrieb lässt die Einrichtung nach kurzer Zeit alt aussehen. In die Stange eingelassene Edelstahlstreifen lösen das Problem.
Eine wichtige Rolle bei der Präsentation spielen die Farben der Produkte. Ein Wäschesortiment wird beispielsweise überwiegend in den Farben schwarz, weiß und Hautfarben angeboten. Eine dunkle Rückwand bringt diese Farben gut zur Geltung, während sie vor

[2] Anzahl der Produkte pro Quadratmeter Verkaufsfläche
[3] frontfacing: Ware hängt frontal zum Betrachter
[4] sidefacing bzw. Ärmelparade oder Schulterpräsentation: Ware hängt im rechten Winkel zum Betrachter

links SIS-Fläche im Kaufhaus Karstadt-Düsseldorf. Grafisch angeordnete Kuben dienen als Stauraum, strukturieren den Raum und geben Orientierung.
rechts Stand alone in den Schadow-Arkaden Düsseldorf. Mittels Magnetfolie lässt sich die Produktkommunikation der nahezu gleichen Produkte leicht auswechseln. Einige »Key Pieces« der Kollektion regte die Innenarchitektin an, um die Produktinszenierung zu bereichern.

Das Kleinteilige einer flächigen und in die Tiefe gehenden Gestaltung gegenüberstellen und dem Kunden ein unmittelbares Verständnis von Ware und Raum ermöglichen – das ist die Leitlinie des Ladenbaukonzepts, das Keggenhoff I Partner für Falke entwickelt hat. Das Produkt in Optik und Haptik wird dabei als prägnantes räumliches Gestaltungs- und Kommunikationsmittel definiert.
Die Tiefe des Sortiments und die Kleinteiligkeit des Kernprodukts, das konventionell präsentiert eine spannungslose Gleichartigkeit erzeugt, werden in kubischen Möbelelementen gefasst, die die Segmente der Kollektionen strukturieren. Die Anordnung dieser Elemente passt sich dem vorhandenen Raum an. Der raumbildende Ausbau, dessen Flächen die Materialkomposition Nussbaum, Leder und lackierte Holzwerk-

stoffe in den Farben Karminrot und Anthrazitgrau aufweist, modifiziert sich im Rahmen der jeweils vorgefunden räumlichen Voraussetzungen und Grundrisse. Durch diese Anordnung und die klare Staffelung von vertikalen und horizontalen Flächen entsteht ein dreidimensionales Bild mit Wiedererkennungswert. Die Mittelraumelemente bieten zur Orientierung in ihren Fronten auswechselbare Magnettafeln. Diese werden mit den Grafiken der Verpackung bespielt, die sonst in der Verpackung selbst und hinter Blisterfolie nur eingeschränkt zur Geltung kommen. So wird die ästhetische und ikonische Bildsprache von Falke geschickt in den Ladenbau integriert, sie erleichtert die Arbeit des Verkaufspersonals und vermittelt dem Kunden ein konsequentes Markenbild.

Bei jeder Planung wird im ersten Schritt der Grundriss organisiert, um das Raumpotenzial im Sinne einer optimalen Flächennutzung auszuschöpfen, für eine selbsterklärende Struktur und somit eine den Kunden leitende Wegeführung zu sorgen. Die modularen Möbelelemente werden im Einklang mit den Kollektionsentwicklungen und den ortsspezifischen Besonderheiten der Grundrisse angepasst. Die beständige Herausforderung liegt in der Kleinteiligkeit und Vielfalt der Kernprodukte sowie darin, dem Kunden das leichte, dennoch spannungsvolle Verständnis der Warenpräsentation zu ermöglichen. Um erfolgreich zu sein, muss »ein Warenbild alle Sinne ansprechen und Herz und Verstand des Kunden – oder der Gemeinschaft Gleichgesinnter, von der Falke selbst spricht – parallel erreichen«, so Sabine Keggenhoff.
Erstmalig im Berliner Flagshipstore fanden daher die sogenannten Material Icons Anwendung: Die Fronten definierter Möbelelemente werden mit Stoffmustern verschiedener Strumpfqualitäten bezogen. Diese auswechselbaren Quadrate zeigen so das Produkt und zielen in der Komposition eines grafisch anmutenden Bildes auf die Unterstützung der räumlichen Gesamtkonzeption. Während dem Wandel der Kollektion Rechnung getragen und abermals Orientierung durch Übersichtlichkeit geschaffen

verstehen sich als Kuratoren eines Warensortiments, das unter ihrem individuellen Dach präsentiert wird. Auf ein gesetztes Konzept will man sich bei Kauf Dich glücklich dennoch nicht festlegen. Das wiederkehrende Hauptelement in den Läden sei einzig die Stimmung, die dem Kunden vermittelt wird. Und so gehört für Christoph Munier auch ganz klar die Auswahl der Mitarbeiter zum Konzept wie auch »der Grad des Chaos«, der in den Geschäften herrscht.
Die Kunden bestätigen das und sprechen in den sozialen Netzwerken vom Kauf Dich glücklich-Gefühl – das im Idealfall alle anspricht. Denn in Zielgruppen werden die Käufer bei Kauf Dich glücklich nicht unterteilt: Die Kundschaft ist zu 75 % weiblich und zwischen 5 und 85, man »will ja niemanden ausschließen«.

DER DIGITALE POS

Gemeinhin haben alle digitalen Anwendungen das Ziel, den Umsatz zu steigern, den Service zu verbessern oder die Marke und die Bindung des Kunden daran zu stärken. Da die Übergänge zwischen stationärem Einzel- und Onlinehandel mehr und mehr verschwimmen, ist der digitale POS mittlerweile eine organisatorische Voraussetzung für diesen Omnichannel-Handel. Digitale Geräte im Laden sind für diese »cross-selling-experience«, bei der der Kunde Waren sowohl zu Hause als auch im Laden einkauft und/oder zurückgibt, unerlässlich. Einige Anwendungen digitaler Technologien befinden sich derzeit in der Erprobungsphase – welche Technik genau sich beim Kunden und am Markt durchsetzten wird, bleibt abzuwarten. Tatsache ist, dass der Einzug und Einbau digitaler Technik für mannigfaltige Anwendungen in Ladenbaukonzepten nicht mehr von der Hand zu weisen ist und bereits jetzt oft zum Spektrum des Planers gehört, da er sie technisch und gestalterisch in den Ladenbau integrieren muss. Der Planer arbeitet hierzu eng mit der Marketing- und IT-Abteilung seines Auftraggebers zusammen und muss sich in dessen Strategie und Verkaufsprozesse einarbeiten, um gut beraten zu können.

DIGITAL SIGNAGE

Digital Signage, zu Deutsch digitale Beschilderung, oft als Überbegriff aller digitaler Werbemittel am POS genutzt, meint die Anwendung digitaler Endgeräte für Werbe- und Informationszwecke, etwa als »elektronisches Plakat«. Die Bildschirmgröße solcher Geräte reicht von kleinen Tablets über speziell angefertigte Stelen bis hin zu ganzen LED-Bildwänden verschiedener Größe. Der Einbau hängt von den Wünschen und Zielsetzungen des Kunden sowie von den Möglichkeiten zur Montage, der Stromzufuhr und dem Datenanschluss ab. Zu beachten ist auch die sich ergebende Wärmelast des Geräts, die gegebenenfalls über ausreichende Lüftungsquerschnitte abzuführen ist.
Kunden können mithilfe von Digital Signage einfach und schnell über wechselnde Produkte, aktuelle Angebote oder ergänzende Informationen zu Produkt und Marke informiert werden. Ganze Werbekampagnen lassen sich per Mausklick zentral in alle Filialen versenden und zeitgleich synchron ausstrahlen (siehe »Produkt und Präsentation«, S. 52ff.). Mittlerweile gehört diese Art der Beschilderung daher zum Standardausbau von Läden.

links Hollister in München (DE). Ein LED-Screen über zwei Stockwerke zeigt Aufnahmen von Wellenreitern in einer Endlosschleife. Die Modemarke ist nach einem kalifornischen Ort benannt und bietet Kleidung im Surferstil an.

TABLET-ANWENDUNGEN

Auch die Nutzung von Tablets im Laden ist heutzutage Standard. In der Planung ist zu berücksichtigen, für welche Anwendungen der Auftraggeber die Geräte nutzen wird und wo sie im Laden verbleiben, während sie beispielsweise geladen werden. Der Planer muss den Verkaufsprozess gut kennen, um hierzu eine geeignete Position vorschlagen zu können. Tablets oder andere mobile Endgeräte finden am POS multifunktionale Anwendung.

Multi-Channel-Anwendung

Dies ist derzeit im Ladengeschäft noch der häufigste Einsatzzweck von Tablets, denn die Antwort »Haben wir nicht« kann sich heute kein Händler mehr leisten. Mit Tablets ausgestattet, ist das Verkaufspersonal schnell in der Lage zu prüfen, ob der Artikel in einer anderen Filiale oder im Webshop noch verfügbar ist und verhindert so, den Kunden an den Mitbewerber zu verlieren. Der Übergang vom stationären zum Onlinehandel wird hierdurch fließend, Ergebnis ist der sogenannte Multi-Channel-Vertrieb.
Ein weiterer Vorteil dieser Technik ist die Möglichkeit, dem Kunden zeigen zu können, in welchen Farben oder Größen das Produkt noch erhältlich ist. Es gibt in der Zwischenzeit auch Händler, die gar nicht ihr ganzes Sortiment auf der Fläche ausstellen oder nur noch Einzelstücke vorhalten, aus denen der Kunde einen Artikel auswählt, ihn vor Ort im Laden bestellt und anschließend nach Hause geliefert bekommt.

Mobile POS-Anwendungen

Mobile Endgeräte werden inzwischen auch für bargeldlose Bezahlsysteme genutzt. Bei Apple beispielsweise bezahlt der Kunde direkt und bargeldlos bei dem Mitarbeiter, der ihn auch beraten und bedient hat. Der Weg zur Kasse und das dortige Warten entfällt, der Kunde bleibt bis zum Kaufabschluss bei seinem Berater.

Clienteling-Anwendung

Tablets werden vielfach auch genutzt, um Kundendaten jeder Art einzugeben. Zur Pflege der Kundenbeziehungen, der sogenannten Customer Relationship, ist es unerlässlich, Kundendaten wie beispielsweise die Emailadresse gespeichert zu haben, um ihn mithilfe von Werbebotschaften erreichen zu können.

Customer-Interaction-Anwendungen

Diese Anwendung meint die Kommunikation von Kunden untereinander (C2C – Customer to Customer) unter Zuhilfenahme von im Laden ausgelegten Tablet-Computern, beispielsweise in sozialen Netzwerken. Durch die aktive Kommunikation über und gegebenenfalls mit der Marke generieren die Kunden zum einen neue Daten, die gesammelt und zu einem Kundenprofil ausgewertet werden können, zum anderen wird die Marke in den Netzwerken genannt, was ihre Bekanntheit erhöht.

oben Produkt- und Markeninszenierung mittels Bildschirm bei Aesop, Raffles City, Singapur (SG), Snøhetta
unten Der Fantasy Mirror erlaubt es der Kundin, Unterwäsche virtuell anzuprobieren.
rechts oben Eine 5 m hohe LED-Wand soll Kunden ins Obergeschoss locken. Hunter, London (GB), Checkland Kindleysides
rechts unten Mithilfe des Magic Mirror kann die Kundin testen, ob ihr die Jacke in einer anderen Farbe besser stehen würde. Dabei sendet der RFID-Chip an dem anprobierten Kleidungsstück dem Rechner im »Spiegel« dessen Artikelnummer. Dieser ermittelt im Warenwirtschaftssystem, in welchen Farben das Modell noch verfügbar ist, und erzeugt das »Spiegelbild« der Kundin virtuell.

Sales-Floor-Management-Anwendungen

Die bisher beschriebenen Anwendungen beziehen sich überwiegend auf den Kundenkontakt. Doch Tablets lassen sich auch dazu einsetzen, das Verkaufspersonal zu unterstützen, indem sie es z. B. mit Hintergrundinformation zum Produkt versorgen. Neue Mitarbeiter lassen sich auf diese Weise schnell einarbeiten.
Für diese Art von Nutzung ist es notwendig, dass das Produkt mit einem RFID-Code auf dem Etikett ausgestattet ist (siehe Abb. S. 72 Mitte).

VIRTUELLE WARENPRÄSENTATION

Gedruckte Kataloge und auch Poster können durch Tablets oder Bildschirme gänzlich ersetzt werden – das ist ökologisch und platzsparend.

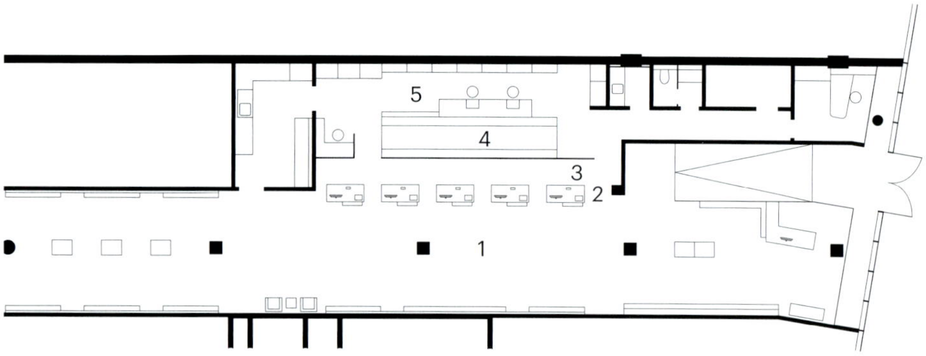

1 Verkaufsraum
2 Kassenzone
3 Digitale Rückwand
4 Warenautomat
5 BOH

Dafür, die Produkte nicht auf der Verkaufsfläche auszustellen, sondern virtuell zu zeigen, gibt es beispielsweise bei Apotheken gleich mehrere Gründe: Zum einen ist der Ausbau sowie die Gestaltung des Verkaufsraums, den Kunden betreten und in dem Mitarbeiter sich dauerhaft aufhalten, teurer als eine Lagerfläche, die im Gegensatz dazu nicht dekorativ eingerichtet sein muss oder Tageslicht benötigt. Zum anderen erwarten die Kunden, dass Arzneimittel stets sauber und akkurat sortiert sowie in ausreichender Stückzahl in den Regalen stehen. Nur dann vermittelt die Apotheke Vertrauen und Kompetenz. Die Regale über den Tagesverlauf in einwandfreiem Zustand zu halten, braucht Zeit und erfordert Aufwand durch Personal. Den Warenbestand vielzählig auf der Fläche vorzuhalten, bindet Kapital und verbraucht kostbare Verkaufsfläche. So betrachtet rechnet sich die Investition in digitale Warenwände für den Apotheker schnell. Er kann zudem tagesaktuelle Angebote präsentieren und die »Regale« je nach Bedarf schnell »umsortieren«. Der Kunde wählt am digitalen Bild aus und erhält die Ware aus dem geschützten Lagerraum per Knopfdruck in einwandfreiem Zustand.

FREQUENZMESSUNG

Wie das Tablet gehören auch sogenannte Frequenzmesser in vielen Geschäften zur Grundausstattung. Die im Eingangsbereichs an der Decke, den Seitenwänden oder an Stelen befestigten Geräte messen die Anzahl und die genaue Uhrzeit zu der die Kunden den Laden betreten. Diese beiden Daten im Verhältnis zum Umsatz geben

oben Acnos Apotheke in Aachen (DE), Palm Architekten. Grundriss, Maßstab 1:300
Mitte Etikett mit RFID-Chip, der Signale an einen Empfänger sendet. Dies ermöglicht digitale Anwendungen, die auf das Warenwirtschaftssystem des Händlers zurückgreifen.
unten Acnos Apotheke. Das Sortiment wird virtuell an Bildschirmen gezeigt.
rechts oben Maklerbüro JP, Wien (AT), BEHF Architekten. Im Büro des Maklers sind die Exposés nicht mehr auf Papier gedruckt, sondern über Displays präsentiert.
rechts unten Acnos Apotheke. Ein neues Wandbild mit einem Klick – Bildschirme sorgen für schnell veränderbare Innenräume.

dem Händler wichtige Informationen, die ihm z. B. bei der Einsatzplanung seines Verkaufspersonals helfen.

[1] www.holition.com/portfolio/triumph-essence-and-ogilvyaction

VIRTUELLE ANPROBE

Immer breiteren Einsatz finden virtuelle Spiegel, bei denen potenzielle Kunden Kleidung, Kosmetik und Schmuck virtuell an- bzw. ausprobieren können, ohne sich hierfür entkleiden zu müssen. Diese komfortable Anwendung senkt die Hemmschwelle und fördert unter Umständen einen Impulskauf. Solche Technologien sind prädestiniert für beispielsweise die Anwendung in Umkleiden, wo der Spiegel teilweise zusätzlich noch »Beratungsfunktionen« übernimmt oder in Schaufenstern, um Kunden in den Laden zu locken. Die virtuelle Anprobe von Unterwäsche der Luxuslinie »Triumph Essence« bei Selfridges steigerte den Umsatz der Produktlinie nach Aussage des Herstellers des virtuellen Spiegels in der ersten Woche um 92 % (siehe auch »Interaktive Umkleidekabinen«, S. 99f.). Sie brachte 100 000 Posts in den sozialen Netzwerken, 120 Meldungen in Modeblogs und eine mediale Berichterstattung im Wert von 300 000 Pfund. Der Umsatz der Dachmarke Triumph stieg im Vereinigten Königreich um 50 %.[1] Darüber hinaus gibt es in neuester Zeit zahlreiche weitere digitale Produktentwicklungen für den POS, die am Markt getestet werden. Diese sind sowohl im Bereich der Umkleiden wie auch im Schaufenster und in den Regalwänden zu finden. Beliebt sind zudem Anwendungen, die das Smartphone des Kunden mit einer App und Empfangsgeräte im Ladengeschäft kombinieren, um Kunden per Push-Nachricht auf Angebote vor Ort hinzuweisen, die ihn aufgrund seines vorher erfassten Profils interessieren könnten.

AN DER WAND

_T2

- Das Einpunkt-Tragsystem besteht aus in die Wand eingelassenen Hülsen, die es in zahlreichen Ausführungen gibt (rund, quadratisch, rechteckig). Die Einsteckhülsen werden in beliebigem Achsabstand in die Wand eingelassen und können so dem Sortiment angepasst werden.
- Frei stehende Tragsysteme wie Regale können vor einer Wand oder frei im Raum stehen. Sie gliedern den Raum und lassen dennoch Durchblicke zu.
- Hängende bzw. abgependelte Tragsysteme, die auf eine bestimmte Höhe festgelegt sind, eignen sich für geringen Warendruck – also vor allem für den höherwertigen Fashionbereich. Die Systeme lassen sich vor der Wand oder frei im Raum positionieren. Bei letzterem sollte die Stoßgefahr durch eine deutliche Sichtbarkeit des Elements vermieden werden (siehe »Engelhorn«, S. 86f.).
- Individuelle Systeme werden beispielsweise von Marken entwickelt, die Produkte mit speziellen Anforderungen an das Tragsystem anbieten oder die ein individuelles unverwechselbares Markenbild am POS zeigen wollen.

links Longchamp, München (DE), Giuseppe Galioto. Der Bestseller »Le Pliage« der Marke Longchamp wird übersichtlich wie in einem Tuschkasten präsentiert. Das Handlager zum Produkt befindet sich in den offenen Regalfächern dahinter. Ein Vorlagetisch vor der Wand ermöglicht es dem Verkaufspersonal, der Kundin eine Auswahl zu zeigen.
rechts Die wichtigsten Produkteigenschaften – die Möglichkeit, die Tasche klein zusammenzufalten und die saisonal wechselnde bunte Farbauswahl – kommen an der eigens für das Produkt konzipierten Präsentationswand bestens zum Ausdruck.

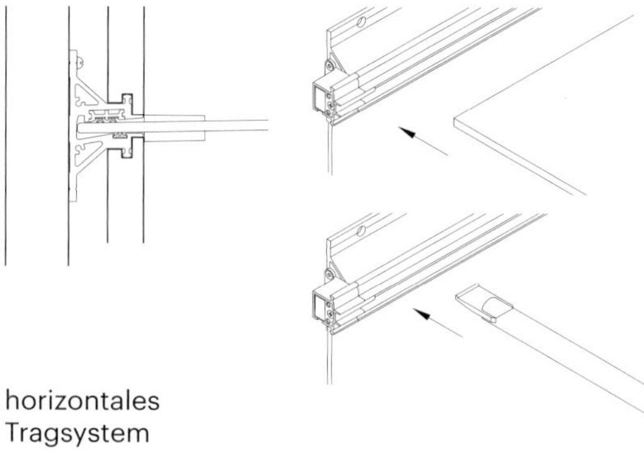

horizontales Tragsystem

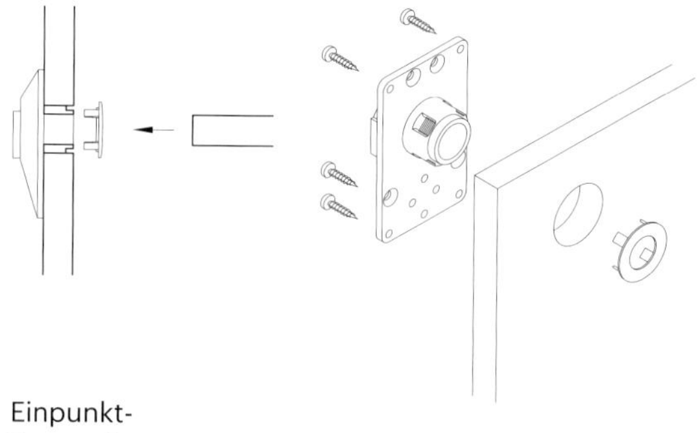

Einpunkt-Tragsystem

ZONEN IN DER WAND

Gleich der Fläche im Grundriss (siehe »Grundrissplanung und Kundenlauf«, S. 36ff.) lässt sich auch das Regal in unterschiedliche Wertzonen einteilen. Je nachdem, ob und wie ein Kunde Sicht- und Greifkontakt mit dem Produkt aufnehmen kann, unterscheidet man fünf Zonen:

- Bückzone bis 0,80 m
- Greifzone 0,80 – 1,20 m
- Sichtzone 1,20 – 1,70 m
- Reckzone 1,70 – 2,10 m
- Informationszone über 2,10 m

Die optimale Präsentation findet zwischen Knie und Auge statt. Hierbei ist die Sichtzone der verkaufsstärkste Bereich und eignet sich deshalb für gut kalkulierte Ware und Impulsartikel. Ähnlich verkaufsintensiv ist die Greifzone. Die Reckzone eignet sich hingegen für die Platzierung leichter Ware.
Den ungünstigsten Teil der Wandpräsentation bildet die Bückzone. Sie eignet sich für die Platzierung großvolumiger und schwerer Ware sowie für niedrig kalkulierte Massenartikel. Hier findet sich die sogenannte Bückware. Im Modehandel wird der Raum im Sockelbereich üblicherweise als Handlager[5] oder Stauraum genutzt.
Jede Zone in der Wand lässt sich durch die geschickte Bestückung mit Warenträgern optimieren, z. B. durch den Einsatz von gebogenen Armen in der Reckzone, an der die Ware kaskadenförmig zum Kunden geneigt präsentiert wird.
Manchmal muss der Planer die als ideal geltende Höhenplatzierung verlassen, um z. B. dem geforderten Warendruck entsprechen zu können. Die oberste Greifhöhe ist dabei unbedingt mit dem Auftraggeber und Verkaufspersonal abzustimmen. Es hat sich in der Praxis bewährt, die erforderlichen Griffhöhen vor dem Entwurf mit Klebeband an der Wand sicht- und begreifbar zu machen.
Die umsatzschwache Zone über der maximalen Greifhöhe ist in der Fernwirkung am Besten zu aktivieren, indem man diese Fläche als Informations- oder Dekorationszone nutzt (siehe Abb. S. 59):

- als Warengruppen- oder Markensignal, das Orientierung im Raum gibt
- als Fläche für Informationen zum Produkt
- für Dekoration

BESTÜCKUNG MIT WARENTRÄGERN

Warenträger sind generell alle Elemente, die der Präsentation der Waren dienen. Hierzu gehört streng genommen auch das Mobiliar. Üblicherweise ist jedoch mit dem Begriff Warenträger die Bestückung der Tragsysteme gemeint.

- Abhängearm gerade (auch Pin genannt): Die Tragkraft und Dimensionierung des Abhängearms steht in Abhängigkeit zur geplanten Warenbestückung. Auf eine

gerader Abhängearm oder Pin

Konsole

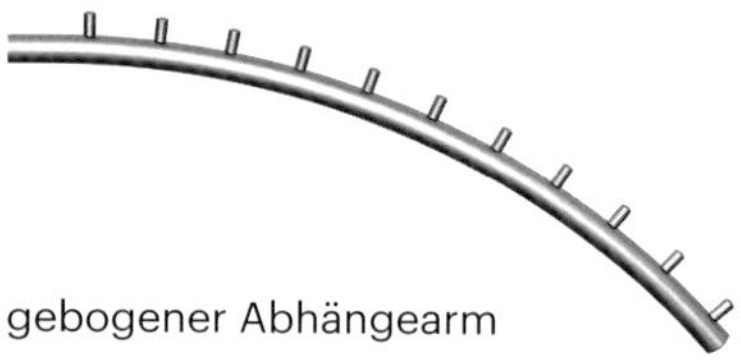

gebogener Abhängearm

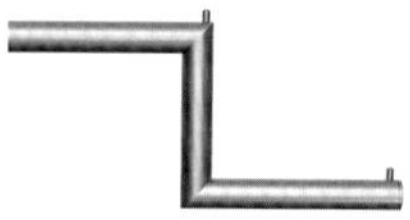

gestufter Abhängearm

Sonderanfertiung Brillenhalter

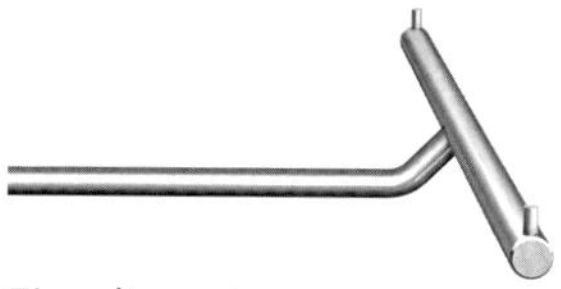

Einzeltragstange

[5] Handlager: Vorrat an Ware z. B. in weiteren Größen, zu der man einen schnellen Zugriff benötigt

links oben Gängige Tragsysteme
links Verschiede Arten von Warenträgern
oben Tablare in horizontalem Schlitzschienensystem an flexibler Position eingehängt. Sport Schwab, Ellwangen (DE), Knoblauch
unten T2, London (GB), Landini Associates. Die Reckzone wird für Produktkommunikation genutzt.

Abrutschsicherung am vorderen Ende ist zu achten.

- Abhängearm gebogen: Beim gebogenen Abhängearm ist die Anzahl der Produkte durch Stopper limitiert. Der gebogene Abhägearm steht für eine geordnete Produktpräsentation. Durch das »herunterneigen« der Ware eignet er sich besonders für die obere Greifhöhe.
- Abhängearm gestuft: In den Nutzungseigenschaften ähnlich dem gebogenen Abhängearm bringt der gestufte Arm durch den Höhenversprung zusätzlich Spannung in die Warenpräsentation.
- Einzeltragstange: Sie ermöglicht in der Vollbestückung gleichzeitig eine spannungsreiche frontale und seitliche Präsentation (front- und sidefacing)
- Konsole: Tablare werden entweder direkt in die horizontale Schiene eingeklinkt oder auf zwei Konsolen aufgelegt.

Manche Produkte oder der Wunsch, ein Produkt neuartig zu präsentieren, verlangen Sonderanfertigungen von Bestückungsteilen. Diese werden vom Planer gemeinsam mit dem Hersteller des Systems, dem Visual Merchandiser und gegebenenfalls dem Verkaufspersonal entwickelt. Der Gestaltung sind keine Grenzen gesetzt und am Markt sind ständig neue Bestückungtypen zu sehen.
Trend sind in letzter Zeit historisch anmutende Ladeneinrichtungen, die in Reminiszenz an die Kaufmannsläden des 19. Jahrhunderts den Warendruck in raumhohen geschlossenen Regalen unterbringen und nur wenige Produkte ausstellen. Es kommt zu keiner Selbstbedienung, da das Verkaufspersonal die richtige Größe aus dem Lager oder aus dem Regal holen muss.

T2

DAS PRODUKT BESTIMMT DAS SYSTEM

Der erste Laden des australischen Teelabels T2 außerhalb Australiens ist ein mutiger Gegenentwurf zum traditionellen britischen Teehaus. Im Londoner Stadtteil Shoreditch gelegen, der bei Modemachern und Künstlern beliebt ist, spricht T2 damit ein Publikum an, das bereit ist, Althergebrachtes neu zu entdecken. Tee-Probierstationen fördern

Designer: Landini Associates, Sydney
Bruttofläche: 102 m²
Planungsbeginn: 11/2013
Fertigstellung: 04/2014
Vertriebstyp: Retail
Ladentyp: Filiale
Sortiment: Monobrand

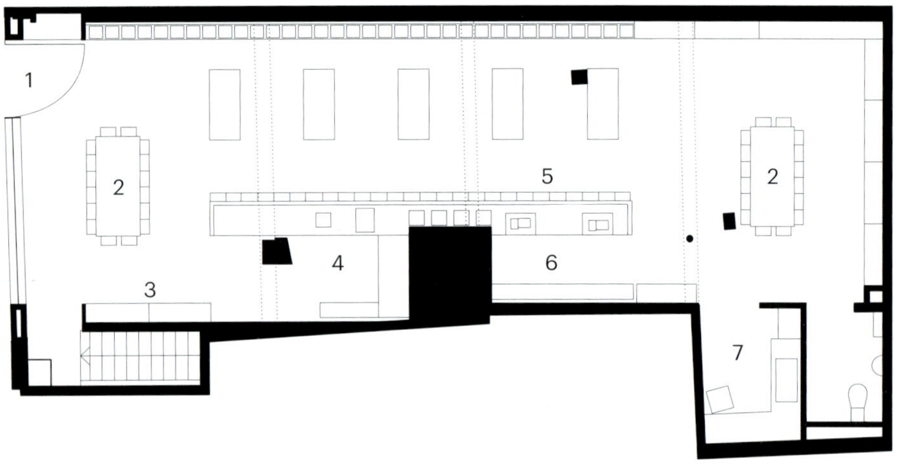

1 Eingang
2 Fokustisch
3 Geschenke
4 Probierstation
5 Kassen-/ Impulskaufzone
6 Back of House
7 Warendruck in Regalen

Interaktion und Gemeinschaft. »Mit seinen bis unter die Decke gefüllten Regalen verströmt der Laden ein Gefühl freudiger Erwartung, ganz so als würde hier demnächst eine Party steigen«, schreibt das Hinge Magazine aus Hongkong.

Die Teemischungen von T2 präsentieren sich farbenfroh verpackt. Zu schön, um in Schubladen zu verschwinden, dachten sich die Designer von Landini Associates. Daher entwickelten sie individuelle, auf die Produkte angepasste Regale zur Warenpräsentation. Den hohen Warendruck, den die stolz angebotene Sortenvielfalt bedeutet, haben die Gestalter zur Tugend gemacht und das Produkt zum raumbestimmenden Gestaltungselement des Ladenkonzepts erhoben.
Nun findet der Kunde in der 30 m langen Teebibliothek über 250 verschiedene Teesorten aus aller Welt. Dem hohen Warendruck begegnen die Designer dabei in einer vertikalen und horizontalen Rhythmisierung, die dem Kunden Ordnung und Orientierung vermittelt. Die Wandfläche in der Reckzone dient der Produktinformation. Der Kunde kann sich hier stichwortartig über das darunter präsentierte Produkt informieren und durch den Laden navigieren lassen. Auch die Seitenwände der Regale bieten Platz für die Beschilderung, sodass der Kunde wie in einer Bibliothek gezielt nach seinem Lieblingsprodukt suchen kann. Der gesamte Warenbestand wird ausschließlich in den Regalwänden vorgehalten. Ein zusätzliches Handlager gibt es nicht – die kostbare Verkaufsfläche ist also optimal genutzt.
Die bunten Verpackungen der Marke strahlen leuchtend orange vor den mattschwarzen Oberflächen von Boden, Decke und Wänden sowie der Einrichtung aus oxidiertem Schwarzstahl. Dieses Material wiederholt sich im Außenbereich des Ladens als Fassadenelement.
Kleinprodukte und Accessoires finden sich in speziell dafür vorgesehenen Bereichen an den Stirnseiten des Ladens. Im Kassenbereich strahlen sie dank der Präsentation in gleich großen Körben trotz ihrer Kleinteiligkeit Ordnung aus und steigern als schnelle Mitnahmeartikel den Umsatz.

Dass sich die Marke T2 seit seiner Gründung 1997 der jahrhundertealten Kunst des Teezubereitens und -trinkens verschrieben hat, wird im Laden mehr als deutlich. So finden sich im Laden auch Probierstationen, wo man frisch zubereiteten Tee verkosten kann. Teeproben laden den Kunden ein, seine Sinne zu stimulieren, die unterschiedlichen Zutaten und Düfte zu schmecken, zu riechen, anzufassen und zu vergleichen und den Lieblingstee anschließend zu kaufen.
Die dunklen Oberflächen, das feinmaschige Gitter der Präsentationstische und die teilweise verspiegelte Decke verleihen dem Laden den Look eines Nachtklubs und machen den Einkauf hier zum Erlebnis.

oben Grundriss, Maßstab 1:150
unten Gleich große Körbe mit verschiedenen Mitnahmeartikeln bringen Ordnung in die Kassenzone und sorgen für ein Up-Selling.
rechts Wegweiser, bestehend aus Schwarzblech und Gewindestäben, an den Stirnseiten der Regale weisen den Weg zum gesuchten Produkt.

BLACK TEA
ROOIBOS & HONEYBUSH
HERBAL TISANES
BLACK TEA
BLACK TEA

IM MITTELRAUM

_ENGELHORN
_KONEN

Der Mittelraum, also die Verkaufsfläche in der Raummitte abseits der Wand, ist die Bühne des Produkts – hier zeigt sich der Star seinem Publikum von allen Seiten. Je größer ein Verkaufsraum ist, umso wichtiger ist eine übersichtliche Planung des Mittelraums. Richtig positioniert sollte kein Möbel den geplanten Kundenlauf behindern, sondern diesen lenken und unterstützen (siehe »Grundrissplanung und Kundenlauf«, S. 36ff.). Dabei muss der Planer darauf achten, dass sich Anspannung und Entspannung die Waage halten und der Kunde nicht überfordert wird. Denn wer entlang des Wegs, den der Kunde durch die Fläche nimmt, zu viele Feuerwerke zündet, verschießt bald sein Pulver für das echte Highlight, beispielsweise die auf dem Fokuspunkt präsentierte Neuheit.

MITTELRAUMMÖBLIERUNG

Die Möblierung des Mittelraums bietet im Zusammenspiel der Produkte mit den gewählten Oberflächenmaterialien und Requisiten die Möglichkeit, die Marke zu inszenieren und den Kunden zu inspirieren. Bei der Planung der Mittelraummöbel sollte der Planer eng mit dem Visual Merchandiser zusammenarbeiten, denn dieser verantwortet nach Fertigstellung des Ladens auch das Merchandising und muss mit den Möbeln eine ansprechende Warenpräsentation erschaffen.

Neben der Gestaltung spielen vor allem funktionale Aspekte beim Entwurf der Mittelraummöbel eine wichtige Rolle. Sortiment und Warendruck sind wie bei der Wand die wichtigsten Ankerpunkte der Gestaltung. Um das Raumangebot optimal auszunutzen, sind Mittelraummöbel in der Regel multifunktional und niemals innen ungenutzt, um keinen wertvollen Stauraum zu verlieren. Darüber hinaus muss die Familie der Mittelraummöbel in Materialität, durch Markenlogos oder stimmungsvolle Bilder (Moods) die Markenaussage unterstützen. Bei allen Überlegungen ist stets zu beachten, dass sie lediglich Präsentationshilfen sind, die den Umsatz fördern sollen. Somit ist die Ware selbst in den Vordergrund zu stellen und deren Wirkung darf nicht durch das Erscheinungsbild des Möbels gestört werden. Es gibt eine Vielzahl verschiedener Typen von Mittelraummöbeln:

- Der Mittelraumständer (oder die Gondel) ist oft das Möbelstück mit der häufigsten Wiederholung auf der Fläche. Deshalb sollte bei seinem Entwurf auf einfache und kostengünstige Reproduzierbarkeit geachtet werden. Der Mittelraumständer wird üblicherweise mit dem gleichen Tragsystem wie die Wand ausgestattet und hilft Warendruck zu bewältigen. Um Blickachsen frei zu halten und dem Kunden Orientierung im Raum zu geben, ist die Höhe von Mittelraummöbeln auf ca. 1,50 m limitiert. Kaufhäuser haben meistens strenge Richtlinien hinsichtlich zulässiger Höhen, diese gilt es vorab bei der Kaufhausleitung abzufragen.

links Engelhorn, Mannheim (DE). Die Mittelraummöbel wurden teilweise neu interpretiert: Vom Boden abgelöst, scheinen sie zu schweben.
oben Beim Umbau des Kaufhauses Engelhorn wurden Konzeptflächen geschaffen, die multifunktional bespiel- und leicht veränderbar sind. Grundrissausschnitt, Maßstab 1:500

- Der Stufentisch ermöglicht eine Warenpräsentation auf mehreren Ebenen. Hier kann ein Produkt beispielsweise in verschiedenen Farben präsentiert werden. Der Stufentisch eignet sich besonders für Fokuspunkte entlang von Gängen und Wänden.
- Die Pyramide ist ähnlich dem Stufentisch in mehreren Ebenen konstruiert. Die Ware ist von allen Seiten einsehbar und griffbereit. Die Pyramide eignet sich für die Platzierung in der Mitte des Raums und an Wegkreuzungen.
- Auf einem Vorlagetisch wird dem Kunden die Ware zur Begutachtung vorgelegt. Er sollte daher frei gehalten werden und befindet sich meist parallel zu einer Wand, aus der das Verkaufspersonal die Ware entnimmt.
- Vitrinen sind durch den Einsatz von Glas und dazugehörigen Sonderbeschlägen ein eher teures Möbelstück im Ladenbau. Die Vitrine wird oft gleichzeitig als Vorlagetisch genutzt, um einen Doppelnutzen zu erzielen. Bei der Planung einer voll verglasten Vitrine ist auf den Blickwinkel des Kunden im Stehen zu achten. Oft ist die Ware in den unteren Etagen gar nicht mehr sichtbar.
- Auf dem Präsentationstisch werden Highlightprodukte gezeigt und er bildet einen Fokuspunkt im Laden. Ungewöhnliche Elemente, wie beispielsweise eine alte Turnbank, können das Gestaltungskonzept unterstreichen, setzten Akzente und lösen bestimmte Marken-Assoziationen aus.
- Eine Konfektionsstange ist ein Warenträger mit nur einer Stange. Er steht vor der Wand oder frei im Raum. Höhenverstellbarkeit ist vorteilhaft um verschiedene Produkte vorteilhaft zu präsentieren.
- Ein Rundständer ist ein karussellartiger Warenträger, auf dem viel Ware untergebracht werden kann. Er wird vom Kunden oft mit dem Attribut »preisgünstig« verbunden.
- Ein T-Ständer ist ein einfacher Ständer mit einem oder zwei Auslegearmen. Um stabil zu bleiben, dürfen die Auslegearme eine bestimmte Länge nicht übersteigen. Er ist daher nur geeignet, um kleine Restflächen zu nutzen.
- Die Wühltruhe oder der Wühltisch eignen sich für Aktionsware ohne Anspruch an Produktpräsentation oder Größensortierung und wird oft in der Kassenzone oder im Eingangsbereich platziert.
- Das Aufbügelmöbel dient dazu, Ware zum Verkauf im Geschäft vorzubereiten (Auspacken, Sicherung anbringen, Auszeichen, auf Bügel hängen). Da dieser Vorgang immer wieder durch Verkaufsgespräche unterbrochen wird, muss das Aufbügelmöbel beweglich sein und dient dann als »Zwischenlager«. Als mobiles Möbel benötigt es dennoch einen fest einzuplanenden Standplatz im Laden.

Um alle Produktkategorien präsentieren zu können, werden meist noch weitere Möbel benötigt wie z. B.
- Accessoire-Ständer, beispielsweise für Schlüsselanhänger
- Gürtelmöbel
- Podeste in verschiedenen Größen

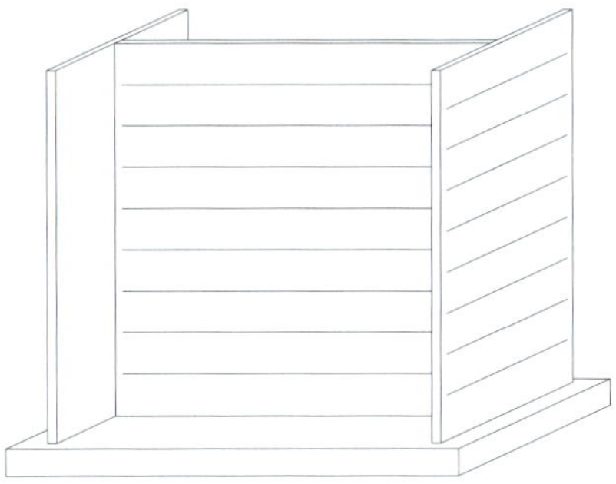

Mittelraumständer

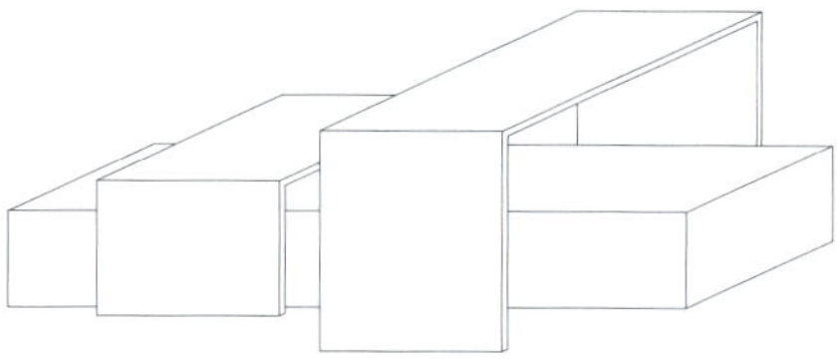

Stufentisch

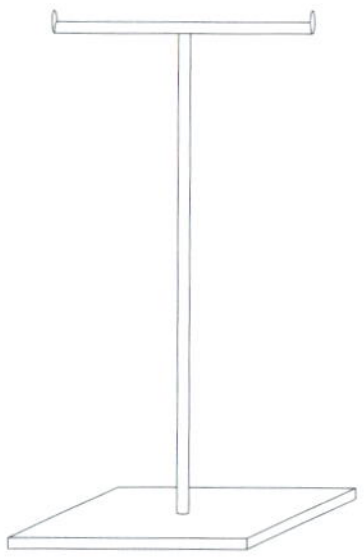

T-Ständer

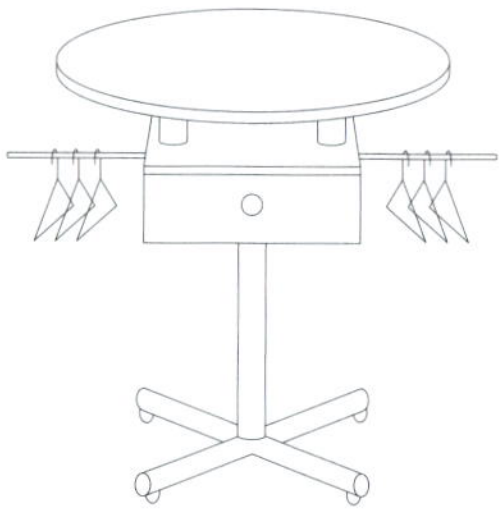

Aufbügelmöbel

Podeste sollten so ausgeführt sein, dass sie sowohl modular aufeinander aufbauen als auch – bei kleinen Formaten – in der Doppelnutzung als Tablett verwendbar sind. Dies unterstützt die Arbeit des Visual Merchandiser bei der Präsentation von Accessoires und Kleinteilen.

Konstruktion der Möbel

Um den Transport nicht teurer als das Möbel zu machen, ist bei der Konstruktion von Mittelraummöbeln, die für den Wholesale (siehe »Wholesale«, S. 16f.) und somit oft in großer Stückzahl direkt in das Kaufhaus geliefert werden, besonders auf das Gewicht und die Versandmöglichkeit im sogenannten Flat-pack zu achten. Dabei werden Mittelraummöbel so konstruiert, dass sie auseinandergebaut und in Einzelteile in möglichst flachen und kompakten Paketen versendet werden können. Möbel, die stehend auf einer Palette transportiert werden, sind bruchanfällig und der Transport teuer. Günstiger ist es, Möbel vor Ort zusammen zu bauen, allerdings ist dann eine leichte Handhabung für das Verkaufspersonal zu bedenken. Im Retail, bei dem in der Regel eine begrenzte Anzahl von Möbeln vom Schreiner vor Ort angeliefert und zusammengebaut werden, ist dieser Punkt zu vernachlässigen.

links oben Multifunktionalität: das Podest zur Präsentation von Taschen und umgedreht als Tablett für Kleinlederwaren
links unten Verschiedene Arten von Mittelraummöbeln
rechts Kaufhaus Engelhorn, Mannheim (DE), Blocher Blocher Partners. Zahlreiche Präsentationselemente hängen an einem Schienenraster unter der Decke. Das lässt unendlich viele Kombinationsmöglichkeiten zu. Die verspiegelten Kuben dienen nicht nur der Warenpräsentation, sondern verbergen auch Stauraum.

ENGELHORN

INNOVATIVE LÖSUNGEN FÜR DIE MITTELRAUMMÖBLIERUNG

Bemerkenswert ist der Mittelraum auf der Fläche des Mannheimer Modeunternehmens Engelhorn gelöst. In Zusammenarbeit mit dem Stuttgarter Architektur- und Innenarchitekturbüro Blocher Blocher Partners hat Engelhorn seinen Stammsitz in der Quadratestadt von Grund auf umgestaltet und um 3000 m² aufgestockt. Die Damenabteilung in der vierten Etage umfasst nun 2500 m² und bietet ein Premiumangebot. Das Herrendepartement im fünften Stock glänzt mit einem neuen Maßatelier und Top-Marken auf 1900 m². Auf allen Etagen finden sich neben hochwertiger Mode Schmuck, Accessoires, Schuhe, Taschen sowie teilweise auch abrundende Produktgruppen wie Kerzen oder Bücher.

Grundsätzlich neu sind die zentral platzierten Konzept- bzw. Aktionsflächen. Sie wurden so zurückhaltend gestaltet, dass sie sich immer wieder schnell und problemlos verändern lassen. Die Vorbilder für diese Flächen finden sich im Onlinehandel. Die dort

Planer: Blocher Blocher Partners, Stuttgart
Ladenbau: Ganter Interior, Waldkirch; Korda-Ladenbau, Bad Salzuflen
Lichtplanung: Kardorff Ingenieure Lichtplanung, Berlin
Bruttofläche: 15 000 m²
Planungsbeginn: 2012
Fertigstellung: 2014
Vertriebstyp: Wholesale
Ladentyp: Stand alone
Sortiment: Multibrand

links Der Präsentationskubus dient zugleich als Sitzgelegenheit. Auf einem über der Kleiderstange befestigten Bord lassen sich zusätzliche Artikel präsentieren.
rechts Die Kleiderstange wird mit einem Sockel kombiniert, auf dem z. B. die passenden Schuhe stehen. Den Präsentationstisch ergänzen von der Decke abgehängte Waren und Büsten.

virtuell angepriesenen Themen- und Stilwelten sollen in die Realität des analogen Raums überführt werden. Wichtig für das Visual Merchandising (VM) dabei: die Präsentation von in sich stimmigen kompletten Looks – ebenfalls ein Prinzip, das sich an den Strategien des E-Commerce orientiert.
Zu diesem hochvariablen Ansatz passt das aus Aluminiumprofilen bestehende, netzartige Deckensystem. In dieses Gefüge lassen sich Komponenten leicht und flexibel einhängen. Das gilt für Präsentationsmodule und Fachböden ebenso wie für Beleuchtungselemente oder Stoffbahnen, mit deren Hilfe sich z. B. völlig neue Räume kreieren lassen. Und so wirken die Mittelraummöbel bei diesem Projekt nicht nur so, als würden sie über dem Boden schweben, sie tun es tatsächlich. An Stellen, wo Bodenhaftung notwendig ist, wie etwa bei Sitzgelegenheiten, sind die Oberflächen verspiegelt und verschmelzen somit optisch mit ihrer Umgebung, als wären sie gar nicht da.
Immer wieder mit einem anderen Accessoire kombiniert, zur Präsentationsfläche, Sitzgelegenheit oder Fokusinsel umfunktioniert, bieten die verspiegelten Kuben, die in ihrem Inneren zudem Stauraum bieten, einen sehr hohen Grad an Multifunktionalität.

Gleich einer »zerschnittenen Jungfrau« löst sich die Konfektionsstange in zwei autarke Teile auf: Kleiderstange und Podest. Das gibt der hängenden Warenpräsentation gleichsam einen optischen Anker, der sich problemlos mit passenden Accessoires wie Schuhen oder Taschen ergänzen lässt. Eine wunderbare Bühne für das VM. Bunte Taschen auf dem Präsentationstisch gemeinsam mit einer Gruppe von Schaufensterpuppen und Pflanzendekoration bilden eine Highlightinsel und promoten den schnellen Abverkauf der Ware.

Insgesamt stehen die beiden Stockwerke für eine neue Philosophie bei Engelhorn: Anders sein, weg aus der Vergleichbarkeit – so lässt sich die Strategie zusammenfassen. Durch die Vernetzung von On- und Offlinehandel profiliert sich Engelhorn auf den neuen Designetagen als zukunftsweisender Multichannel-Anbieter: Mithilfe von auf der Fläche eingesetzten Tablets haben Mitarbeiter wie auch Kunden die Möglichkeit, rasch und über Abteilungsgrenzen hinweg nach einem bestimmten Stück oder einer gewünschten Größe im Logistikcenter oder im Onlineshop zu suchen. Das entsprechende Modell kann dann beispielsweise auch nach Hause geschickt oder bei Engelhorn in einem eigens geschaffenen Servicebereich abgeholt werden.

KONEN ACCESSOIRE PARADIES

BESONDERE FORMENSPRACHE

Das klassische Mittelraummöbel ist auf der Accessoires-Fläche im Untergeschoss des Textilkaufhauses Konen in München kaum zu finden. Hier war es der ausdrückliche Wunsch der Auftraggeber, etwas Neues auszuprobieren. Aus diesem Grund entschied sich die Geschäftsführung auch bewusst für ein Planungsbüro, das zwar Erfahrung mit der Gestaltung von Restaurants und Hotels hat, im Bereich Retail bisher aber noch nicht arriviert ist. Experimentell sollte das neue Konzept sein und tatsächlich »ist es etwas anderes geworden als klassischer Ladenbau«, so Daniel Hildmann vom beauftragten Büro archibrand.

Vorgegeben war zu Beginn lediglich der Name »Accessoire Paradies« und eine 900 m² große Fläche im unbelichteten Untergeschoss des Münchner Traditionshauses – voll mit Gipskartonwänden und Möbeln aus Pressspan. Daniel Hildmann und seine Partnerin Daniela Wilke ließen die Einbauten in einem Zeitraum von über drei Wochen komplett zurückbauen. Der leere Raum wurde zum idealen Hintergrund für die fein detaillierten neuen Möbel.

Durchsicht war ein zentrales Thema beim Entwurf, damit die Kunden, die mit der Rolltreppe das Untergeschoss erreichen, sofort einen Überblick über die gesamte Abteilung bekommen und sich einfach orientieren können.

500 Paar Schuhe »on display« auf der Verkaufsfläche und ca. 6000 Paar Schuhe im Lager, dazu Taschen, Brillen, Capes, Schals und Kleinaccessoires – dieses umfangreiche Sortiment im Raum zu organisieren, war eine Herausforderung für die beiden Kreativen, die die Fläche stets durchlässig halten wollten. Die Mittelraummöbel sollten daher über dem Boden »schweben«. Integrierter Stauraum und massive Möbel sind nur vereinzelt in den Randbereichen zu finden. Die Ausstattung wurde ausschließlich von lokalen Handwerkern in hochwertigen Materialien, wie beispielsweise echten Metallflächen anstatt Laminaten, gefertigt.

Die Kunden haben auf der ganzen Fläche freien Zugang zur Ware. Sie können die Produkte in die Hand nehmen und prüfen. Nach einer Vorauswahl kann man anschließend von einer Verkäuferin beraten werden. Wie bei hochwertigen Schuhen am Markt üblich,

Planer: archibrand, München
Verkaufsfläche: 1050 m²
(Lagerfläche: 140 m²)
Planungsbeginn: 08/2015
Fertigstellung: 03/2016
Vertriebstyp: Wholesale
Ladentyp: Stand alone
Sortiment: Multibrand

links Das Sortiment wird flexibel auf Pyramidentischen in Form von Blüten präsentiert.
unten Durch den Metallvorhang schimmert das Lagerregal durch.
ganz unten Mock-up des Blütentischs, um den Platzbedarf der Schuhe zu testen

wird das Sortiment je Modell nur in einer Schuhgröße präsentiert. Die passende Größe für die jeweilige Kundin wird aus dem Lager geholt. Das mindert die Anzahl der Produkte, die auf der Verkaufsfläche gelagert werden und macht Möbel ohne zusätzliche Stauraumfunktion möglich. Gemeinsam mit dem Team des Klienten suchte archibrand daher nach einer praktikablen Lösung zur Lagerung des Größensortiments der Schuhe, ohne den Verkaufsvorgang zu stören, wenn die Verkäuferin sich entfernt, um die passende Größe zu holen. Unter anderem wurde ein System angedacht, bei dem die Verkäuferin die Ware per Funk im Lager anfordert und die sogenannten Runner sie von dort auf die Fläche bringen. Schlussendlich entschied man sich bei Konen aber dafür, das Handlager möglichst nah an die Verkaufsfläche zu bringen. Die Verkäuferin entfernt sich so nicht weit von der Kundin. Eine Raumtrennung aus einem feinen, durchlässigen Metallgewebe stellt sicher, dass man mit den Kunden stets Blickkontakt halten kann. Das Netzgewebe ist eine Sonderanfertigung, die ein italienischer Hersteller von Kaffeesieben exklusiv für das Projekt produzierte. Die am Markt gängigen Produkte schienen den beiden Kreativen von archibrand zu starr und zu scharfkantig und somit unpassend für eine Ladenfläche, die sich an Frauen richtet. Das schimmernde Gewebe aus silbernen und rotgoldenen Metallfäden ist nur mittels Magneten an dem horizontal gegliederten Lagerregal befestigt und wirkt aus verschiedenen Blickwinkeln unterschiedlich dicht. Der Faltenwurf des »Vorhangs« setzt dem Raum bewusst keine harten Grenzen, so Daniela Wilke.

Die Bezeichnung »Paradies« impliziert eine grundsätzliche Erwartungshaltung beim Einkaufen von Accessoires. Auf die Planung eines vorgegeben Laufwegs wurde daher bewusst verzichtet: Die Kundin soll ihre Laufgeschwindigkeit verlangsamen und beginnen, durch den modern interpretierten Garten Eden zu schlendern. Die Planer hatten das Bild vor Augen, wie sie – bildlich gesprochen – im Paradies hier einen Schuh und dort eine Tasche »pflückt«. So findet sich das Motiv der Blüte stilisiert sowohl im Teppich als auch in den Präsentationstische im Mittelraum wieder, die ebenfalls überwiegend in Form von Blütenblättern gestaltet sind. An den Stellen, wo diese »Blütenblatttische« vor Rückwänden stehen, klappen sich einzelne Blätter senkrecht nach oben und bieten der Präsentation von Waren einen Hintergrund.

Das Visual Merchandising wird bei diesem Projekt seit der Fertigstellung von Konen-Mitarbeitern verantwortet. Für die Planer war dies eine wertvolle Erfahrung, die ihnen gezeigt hat, dass es sich lohnt, sich stärker einzubringen und beispielsweise Vorgaben für die zukünftige Gestaltung zu machen oder auch Warenpräsenter zu entwerfen.

DIE KASSENZONE

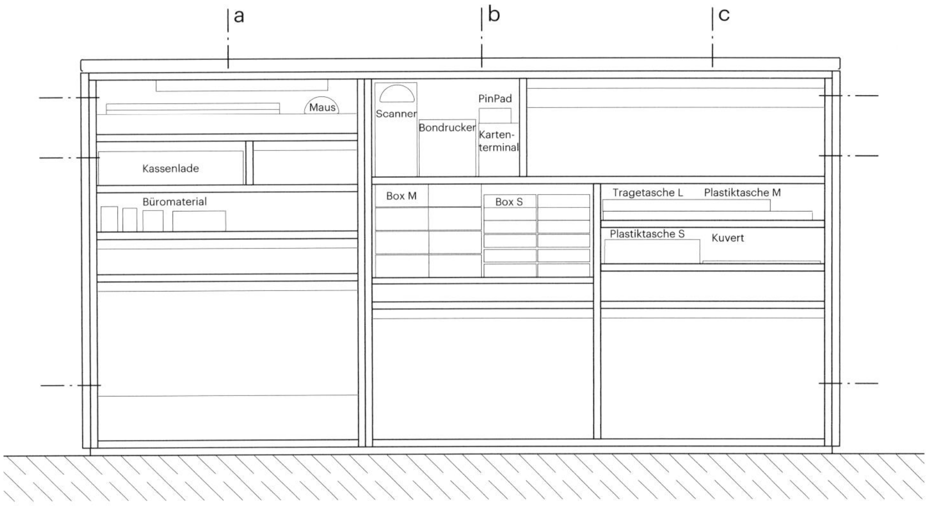

Beim Bezahlen hat der Händler die letzte Chance, einen guten Eindruck zu hinterlassen. Deshalb sollte die Markenbotschaft in der Kassenzone nochmals deutlich herausgearbeitet werden. Zudem besteht im Umfeld sowie im und am Kassentresen die Möglichkeit, den Einkaufswert durch Zusatzverkäufe zu erhöhen, das sogenannte Up-Selling.

DER KASSENTRESEN

Im klassischen rechtsläufigen Grundrissaufbau wird der Kassentresen links vom Eingang ungefähr in der Mitte der linken Wandabwicklung positioniert. Aufgrund von baulichen Gegebenheiten, wie z. B. vorhandene Strom- und Datenanschlüsse, ist er manchmal an anderer Stelle im Laden positioniert. Ungünstig ist die Position frontal zum Eingang, da sich der Kunde so unter Umständen beobachtet oder wie am Schalter einer Bank fühlt. Einige amerikanisch geprägte Händler rücken den Kassentresen gänzlich aus dem Gesichtsfeld des Kunden und verlagern diesen sogar in einen separaten Raum. Gleich an welcher Stelle er steht, der Einblick hinter den Kassentresen sollte vermieden werden. Durch die Anordnung vor dem Schaufenster oder durch Reflexionen im Spiegel kann es zu unerwünschter Einsehbarkeit kommen. Die Erfahrung hat gezeigt, dass es sich lohnt, alle reflektierenden Flächen auf Einfalls- und Ausfallswinkel hin zu kontrollieren und die Platzierung im Raum genau zu überprüfen.

links Chelsea Fanshop, London (GB), Schwitzke. Das goldene Wappen des Fußballklubs an der Kassenrückwand macht dem Kunden beim Bezahlen ein letztes Mal deutlich, wo er sich befindet, bevor er den Laden verlässt. Werbematerial liegt an einem definierten Platz ordentlich zur Mitnahme aus.
oben Beispiel der Einteilung eines Kassentresens bei Roeckl, München (DE), Blocher Blocher Partners, Ansicht Verkäuferseite

Der Platzbedarf des Tresens ist individuell verschieden und durch die vom Auftraggeber vorgegebenen Inhalte beeinflusst. Generell sollte sich der Planer vor Augen halten, dass der Kassentresen für das Verkaufspersonal ein Arbeitsplatz ist, der Funktionalitäten erfüllen muss. Bewegungszonen dahinter und davor müssen dem Bedarf angepasst sein. Für den Planer ist das Möbelstück selbst ein komplexes Entwurfsthema: von der Kundenseite aus möglichst repräsentativ für die Marke, von der Seite des Verkaufspersonals möglichst funktional; und generell eine Einzelanfertigung, die oft das teuerste Element im Laden ist.

Die Planungsgrundlagen sind aus verschiedenen Quellen zu erfragen. So gibt beispielsweise die IT-Abteilung des Auftraggebers Auskunft über das Kassen- und Bezahlsystem, der Vertrieb weiß, welche Kundeninformationen wie z. B. Flyer oder Kundenmagazine rund um den Kassentresen platziert werden sollen, und das Verkaufspersonal kennt den

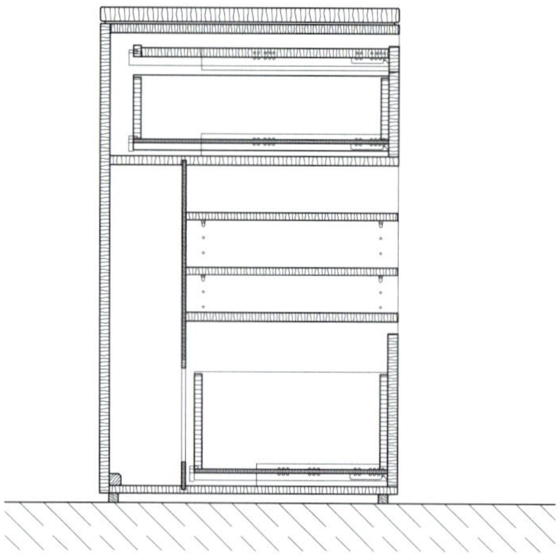

aa

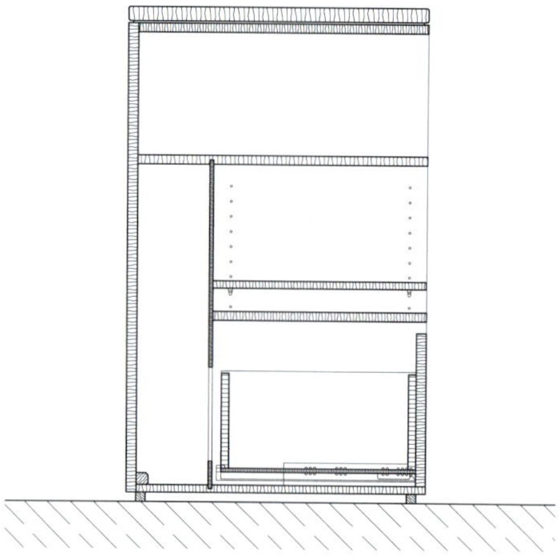

bb

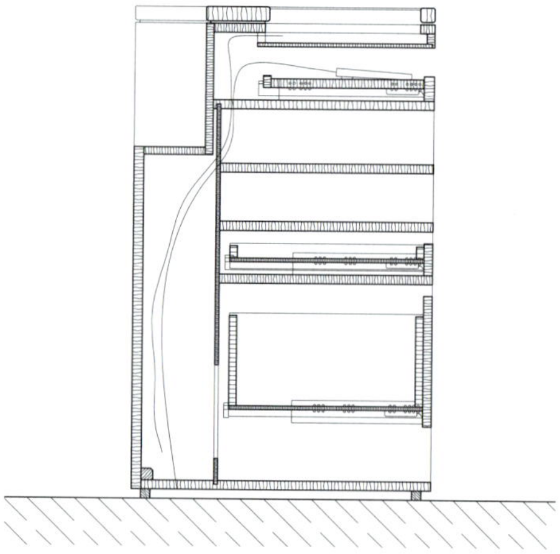

cc

unter Umständen durch den Auftraggeber festgelegten Ablauf des Bezahlvorgangs. Viele Händler legen diesen Vorgang fest und trainieren ihn mit ihrem Verkaufspersonal. Beispielsweise kann vorgegeben sein, ob das Etikett der Ware sichtbar für den Kunden auf dem Tresen oder verdeckt unter dem Tresen gescannt werden soll. Der Handscanner muss also entsprechend platziert sein. Manche Händler legen Wert darauf, dass der Kunde die zu bezahlende Summe auf einem ihm zugewandten Display der Kasse sieht. Andere Händler wünschen dies nicht, da beispielsweise auch andere wartende Kunden die Bezahlsumme sehen könnten. Dieses Detail hat wesentlichen Einfluss auf das Design des Kassentresens.

Sehr wichtig ist es zu wissen, welches Kassen- und Bezahlsystem genutzt wird und wie es technisch mit der Zentrale des Auftraggeber verbunden ist. Eine Verbindung über WLAN wäre beispielsweise unproblematisch, wohingegen ein fest unter dem Bodenbelag verlegtes Kabel die Position der Kasse im Raum final festgelegt. Hierüber gibt in der Regel die IT-Abteilung des Auftraggebers Auskunft. Platz ist meistens Mangelware im Kassentresen und jeder Zentimeter wird ausgenutzt. Gehäusegrößen von techni-

oben Roeckl, München (DE), Blocher Blocher Partners. Um die Komplexität des Kassenmöbels mit allen enthaltenen Funktionen zu erfassen, bedarf es mehrerer horizontaler und vertikaler Schnitte.
links Aesop, ION Orchard, Singapur (SG), Snøhetta. Der Bildschirm der Kasse ist unauffällig unter einer Glasscheibe in den Tresen integriert. Bei dieser eleganten Ausführung ist darauf zu achten, dass die Bildschirmoberfläche für das Kassenpersonal gut sichtbar ist. Auch bei Aesop wird die Kassenrückwand genutzt, um ein letztes Mal auf Marke und Produkt hinzuweisen.

schen Geräten können sich ändern und so erhält der Planer unter Umständen die Angaben zum Vorgängermodell. Am Tag des Einzugs können sich dann unliebsame Überraschungen ergeben, wie z. B. eine Kassenschublade, die aktuell etwas breiter, dafür weniger hoch geliefert wird. Daher ist es ideal, wenn der Schreiner oder Ladenbauer zusätzlich zur freigegebenen Werkplanung leihweise ein Original des Kassen- und Bezahlsystems vom Auftraggeber erhält, bevor er den Tresen baut.

Augenmerk ist auch dem hochfrequenten Weihnachts- und Schlussverkaufsgeschäft zu widmen. In dieser Zeit werden unter Umständen mehrere Kassenstationen benötigt und es arbeiten mehrere Personen hinter dem Kassentresen. Ein ausziehbares Tablar beispielsweise kann für die Verpackung von Geschenken hilfreich sein.
Für die Werkplanung muss der Planer alle Größen von Tragetaschen, Geschenkboxen, Schachteln und dergleichen kennen. Da sich mit einem neuen Storekonzept nicht selten auch das Verpackungskonzept verändert, muss mit Wartezeiten gerechnet werden, bis alle Maße verfügbar sind. Im Regelfall ist hierfür die Marketingabteilung der Ansprechpartner.

Ein möglicher Stolperstein bei der Konstruktion des Kassentresens ist die Körpergröße des Verkaufspersonals. Eine 1,50 m große Person kann einen in der Fläche geneigten Bildschirm ab einer bestimmten Einbauhöhe nicht mehr sehen. In dem Fall sollte mit dem Auftraggeber abgesprochen werden, das Design des Tresens zu verändern und den Bildschirm z. B. aufrecht zu stellen, obwohl dies eigentlich nicht vorgesehen war – Kompromisse sind für einen reibungslosen Ablauf manchmal notwendig. Es hat sich in der Praxis bewährt, ein Modell im Maßstab 1:1 (Mock-Up) anzufertigen, zu dessen Begutachtung und Test man das Verkaufspersonal und die verantwortlichen Entscheider einlädt. Ein solches Modell lässt sich einfach aus Karton, Leichtschaumplatten oder vom Schreiner aus Sperrholz bauen. Das ist wesentlich kostengünstiger als der nachträgliche Umbau eines fertigen Tresens.

Für manche Händler bietet es sich an, die Kassentheke zusätzlich für die Warenpräsentation zu nutzen. Kleinteilige Produkte und Accessoires, die zusätzlichen Umsatz generieren eignen sich gut für eine Präsentation im Tresen. Bei der Konstruktion von hierfür geeigneten Vitrinen-Tresen ist zu beachten, dass die Präsentationsflächen in

oben Acnos Apotheke, Aachen (DE), Palm Architekten. Die Funktionen, die ein Kassentresen erfüllen muss, sind je nach Auftraggeber unterschiedlich und müssen individuell geplant werden.
unten Douglas Flagshipstore Frankfurt (DE), Schwitzke. In Parfümerien herrscht eine hohe Kundenfrequenz. Die Wühltische sind so platziert, dass die Kunden geordnet zum Bezahlen anstehen. Gleichzeitig regen kleine Mitnahmeartikel zur Erhöhung des Bons an. Die Nähe dieser Produkte zum Personal kann helfen, Diebstahl zu verhindern.

der Tiefe abgetreppt sein müssen, damit der Kunde die Ware auf jeder Höhe gut sehen kann. Die Präsentationsfläche, die sich daraus ergibt, ist oft nur gering und es ist abzuwägen, ob das Konzept in Anbetracht aller anderen Utensilien, die im Kassentresen untergebracht werden müssen, tragfähig ist. Vorsicht mit Glaseinsätzen, die Standfüße von Handtaschen verkratzen diese leicht und sie sehen dann schnell ungepflegt aus. Bei der Planung eines Kassentresens sind hinsichtlich der verschiedenen Nutzeranforderungen generell folgende Aspekte zu beachten:

Auf der Verkäuferseite
- Unterbringung aller im Kassentresen zu verstauenden Gegenstände, z. B. Verpackungsmaterial, Schreibutensilien, reservierte Ware, Warensicherungen, Preisetiketten, Mülleimer
- Abmessungen und technische Anforderungen des Bezahl- und Kassensystems

Auf der Kundenseite
- tragfähige Taschenablage
- Schreibunterlage für EC-Karten-Unterschriften
- Aufsteller z. B. für Rückgabebedingungen, Geschäftsbedingungen, Flyer, Magazine
- Berührflächen sollten haptisch dem Wert der Ware entsprechen

DIE RÜCKWAND

Die Rückwand hinter dem Tresen ist eine prominente Fläche im Laden. Während der Wartezeit bis zum Bezahlvorgang schaut der Kunde auf diese Wand und es bietet sich an, die Markenbotschaft noch einmal deutlich zu präsentieren, beispielsweise durch die Wiederholung des Logos oder durch ein Foto des Werbematerials der Firma. Auch kann dort mit Bewegtbildern auf Produktneuheiten aufmerksam gemacht werden (siehe »Der digitale POS«, S. 68ff.).
Für Warendruck eignet sich die Kassenrückwand in der Regel nicht, da sich selbst bedienende Kunden hinter dem Tresen meistens nicht erwünscht sind. Oft dient die Fläche

links Ludwig Beck, München (DE), Schwitzke. Der ausreichend tief ausgebildete Untertritt und die Handtaschenablage sind so dimensioniert, dass ein bequemes Stehen am Tresen möglich ist. Informationsmaterial findet seinen vorgesehenen Platz im Tresen. Das EC-Kartenlesegerät ist bedienerfreundlich an einer Teleskopstange montiert.
oben links Bolon Eyeware, Shanghai (CN), Ippolito Fleitz Group. Im Brillenladen ist die Größe des Produkts und somit der Platzbedarf auf dem Kassentresen für Verpackung und Übergabe der Ware an den Kunden gering.
oben rechts Codello, Berlin (DE), Buero Philipp Moeller. Eine in die Wand integrierte Nische dient dazu, die Ware nach dem Kauf für den Kunden zu verpacken.
rechts Longchamp, München (DE), Giuseppe Galioto. Die Handtaschenablage ist zugleich Vitrine und animiert den Kunden beim Bezahlen zu Impulskäufen. Mitnahmeartikel wie Schlüsselanhänger befinden sich in unmittelbarer Nähe.

zusätzlich als Stauraum, z. B. für Verpackungen. Man muss sich dann darüber bewusst sein, dass das Verkaufspersonal dem Kunden, der am Tresen wartet, den Rücken zuwendet, während es dort etwas herausholt.

UP-SELLING

In der Kassenzone platzierte Mitnahmeartikel, Zubehör und kleine Geschenke für z. B. die, die beim Einkaufen nicht dabei waren, bescheren dem Händler ein Umsatzplus. Der Planer muss beim Händler erfragen, welche Produkte dort geplant sind und in welcher Größe und Menge sie angeboten werden. Manchmal gibt erst die Nachfrage des Planers dem Händler den Impuls, solche Produkte ins Sortiment aufzunehmen.
Bedauerlich ist es, wenn nach der Ladeneröffnung nachträglich aufgestellte Präsenter oder Displays ihren ungeplanten Platz finden. Dem kann der Planer begegnen, indem er genau diese Dinge von vornherein einplant und ihnen einen festen Platz zuteilt.

DIE UMKLEIDEN

_J&M DAVIDSON

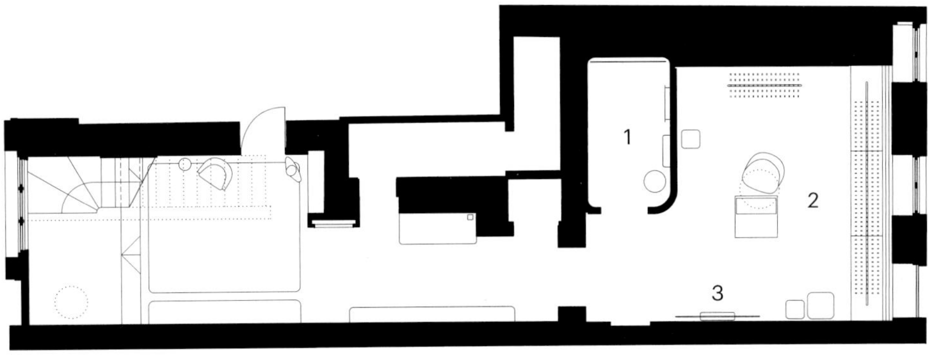

1 Umkleide
2 Vorraum der Umkleide
3 Spiegel

Die Umkleiden sind der Ort, an dem die meisten Kaufentscheidungen getroffen werden[1]. Dennoch sehen einige Mode-Einzelhändler die Umkleide nicht als Verkaufsraum an. Der Umkleidebereich als sogenannte No-Sales-Area wird als nebensächlich verstanden. Dabei kommt der Kunde in der Intimität der Umkleidekabine im wörtlichen Sinne mit dem Produkt und der Marke hautnah in Kontakt. Auch hier bietet sich die Chance, die Marke zu inszenieren. Aus diesem Grund sollte der Planer dem Bereich viel Aufmerksamkeit widmen.

In einigen Fällen wird der Planer also zuerst den Auftraggeber überzeugen müssen, damit dem Bereich die ausreichende Fläche, finanzielle Wertschätzung und Aufmerksamkeit zukommt. Die Anzahl der Kabinen bestimmt der Händler. Sie beruht auf seiner Erfahrung, es gibt keine Faustregel dafür. Manchmal hilft eine anonyme Ortsbegehung (Market Visit[2]), um zu verstehen, wie sich der lokale Markt diesbezüglich verhält. In jedem Fall ist der enge Austausch mit dem Verkaufspersonal von Bedeutung.
Die wichtigste Frage, die beantwortet werden muss, ist, wie beratungsintensiv das Produkt ist. Die Anprobe von Damenunterwäsche bedarf anderer Beratung als die von Herrenanzügen. Die Arbeit der Verkäufer muss optimal unterstützt werden, damit der Kunde gut bedient werden kann. So sind beispielsweise generell ausreichend Wandhaken und Ablagefläche im Umfeld der Umkleidekabinen vorzusehen, damit anprobierte Ware während und nach der Anprobe zwischengelagert werden kann, bevor sie wieder auf die Verkaufsfläche sortiert wird. Manchmal findet hier auch das Aufbügelmöbel Platz (siehe »Mittelraummöblierung«, S. 84).
Ein weiterer wichtiger Punkt ist die Gestaltung und Auswahl von Vorhang oder Tür der Umkleiden. Die Ausführung muss einerseits zur Marke und dem Ladendesign passen, andererseits mit dem vorgegebenen Budget realisierbar sein – die Entscheidung hierüber trifft der Händler.

links J&M Davidson, London (GB). Ein langer Flur führt zur Umkleide, an die ein großzügiger Vor- bzw. Warteraum angrenzt. So wirkt der Bereich wie ein privates, luxuriöses Ankleidezimmer.
oben J&M Davidson, London (GB). Grundriss Untergeschoss, Maßstab 1:150

AUSFÜHRUNG MIT TÜR

Bei einer Tür, zumal wenn sie raumhoch geschlossen ist, muss der Verkäufer anklopfen oder zumindest laut fragen, bevor er den Kopf in die Kabine streckt, um vom Kunden

[1] Vgl. Underhill 2000, S. 170
[2] Market Visit, auch Store Check: anonyme Ortsbegehung von Geschäften, um den lokalen Markt und die Kunden kennenzulernen

zu erfahren, ob er Hilfe benötigt. Umgekehrt muss sich aber auch der Kunde selbst bemerkbar machen können. Manche Händler installieren daher Rufknöpfe, die akustische oder optische Signale an das Verkaufspersonal abgeben, wenn der Kunde per Knopfdruck um Assistenz bittet. Bei der Ausführung mit fester Tür ist zu bedenken, ob und wie der Kunde die Kabine von innen verriegeln kann. Eine innenseitige Möglichkeit zur Verriegelung bietet ihm ein Maximum an Privatheit. Dies kann allerdings auch zu unliebsamen Situationen führen, wenn Kunden die Kabine als Aufenthaltsraum missbrauchen oder die Ungestörtheit nutzen, um die Diebstahlsicherung vom Kleidungsstück zu entfernen.
Neben standardisierten Türen besteht die Möglichkeit, ausgefallenere Lösungen wie z. B. halbe Salontüren mit Schwingmechanismus zu verbauen. Dabei bleiben Kopf und Wade sichtbar, sodass sofort erkennbar ist, ob die Kabine frei oder besetzt ist. Das Betreten wird durch den Schwingmechanismus eher schwierig; aber auch das kann richtig sein, wenn es zur Marke passt.

AUSFÜHRUNG MIT VORHANG

Die Ausführung als Vorhang ist generell die kostengünstigere Variante, jedoch ist es wichtig, auf die Verarbeitung zu achten. Oft beobachtet man knapp genähte Vorhänge, bei denen an den Seiten ein Einblick in die Umkleide möglich ist. Ausreichend Zugabe an den Enden oder eine Vorhangstange mit Retoure[3] vermeiden seitliche Einblicke und schützen die Intimsphäre des Kunden. Das Material des Vorhangs sollte der Marke entsprechen. Ein billiges Material fasst sich in der Regel auch so an und wird vom Kunden unbewusst mit der Marke und dem Produkt in Verbindung gebracht.
Bei einer Trennung mit einem Vorhang ist das Verkaufspersonal akustisch mit dem Kunden in Verbindung. Die Verkäuferin kann fragen, ob alles in Ordnung ist, gegebenenfalls auch an der Seite in die Kabine »spicken«.

oben Bei J&M Davidson in London (GB) wird die Umkleidekabine mit einer Tür verschlossen.
rechts Erster Magic Mirror im Prada Store von Rem Koolhass in New York (USA) im Jahr 2001. Seitdem hat sich die Technik rasant weiterentwickelt.

WARTEZONE

Ein dritter wichtiger Punkt ist die Wartezone für die Einkaufsbegleitung. Wenn Shoppingpartner einen Platz zum Sitzen haben, ist die Chance groß, dass der Einkauf länger dauert und der Kunde mehr kauft. Sitzgelegenheiten und unter Umständen sogar Getränke und Zeitschriften sollten im Bereich der Umkleiden bereitgestellt und deren Platzbedarf bedacht werden. In der Unterwäscheabteilung, in der Frauen privat und unter sich sein möchten, bietet sich ein zweiter Wartebereich an, in dem männliche Begleiter warten können, ohne die Privatsphäre anderer Kundinnen zu stören.

BELEUCHTUNG

Die richtige Beleuchtung ist ein wichtiger Aspekt bei der Planung der Kabinen. Direktes Licht wirft Schlagschatten auf Körper und Gesicht und ist ungünstig. Besser geeignet ist eine indirekte Beleuchtung, die beispielsweise seitlich hinter dem Spiegel montiert oder im Spiegel integriert bzw. hinter Glas sein kann wie z. B. bei J&M Davidson im Londoner Stadtteil Mayfair. Einige Händler geben in der Kabine die Möglichkeit, mittels individueller Steuerung verschiedene Tageslichtstimmungen zu simulieren (Tag, Abend, bedeckter Himmel, Sonnenschein etc.).

PLANUNGSGRUNDLAGEN

Bei der Planung von Umkleiden sind generell folgende Dinge zu beachten:

- Umkleideräume müssen deutlich gekennzeichnet und leicht zu finden sein.
- Die Anzahl der Kabinen richtet sich nach der Größe des Ladens und Erfahrung des Händlers.
- Mindestgröße der Kabine innen sollte ca. 2,00 m^2 oder 1,65 × 1,20 m betragen.

[3] Retoure: 90°-Rückführung zur Wand
[4] Vgl. Wilken 2015

- Kabinen für Menschen mit Behinderungen sind unter Umständen vorzusehen.
- Es sind ausreichend Wandhaken und Ablagen für die Kleidung des Kunden, anzuprobierende Kleidungsstücke, Handtasche und Brille einzuplanen, gegebenenfalls eine Sitzgelegenheit in der Kabine.
- Der Spiegel sollte ausreichend groß für die Ganzkörperansicht sein, gegebenenfalls ist ein zusätzlicher Spiegel für Rücken- oder Seitenansicht, nach Möglichkeit klappbar, vorzusehen.
- Auf die Bodentemperatur ist zu achten – auf kalten Fliesen steht man unangenehm.
- Beim Händler erfragen, ob Deodorant, Kosmetiktücher oder dergleichen in der Umkleide vorzusehen sind und einen Stellplatz benötigen.
- Läuft generell Musik im Laden, ist es wahrscheinlich, dass dies auch in den Umkleiden der Fall ist. Bei geschlossenen Kabinen ist dann ein Lautsprecher pro Kabine vorzusehen.
- Besonders bei geschlossenen Kabinen ist auf eine ausreichende Belüftung zu achten.
- In der Praxis hat sich eine dezente Beduftung des Umkleidebereichs als positiv erwiesen (siehe »Multisensorik«, S. 108).

INTERAKTIVE UMKLEIDEKABINEN

Dieses Thema ist eigentlich nicht revolutionär, doch seit Rem Koolhaas die Technik 2001 im Prada Store in New York erstmals verwendete, hat sich die Nutzung von digitaler Technik in der Umkleide bisher noch nicht weiter am breiten Markt etabliert. Dabei scheinen die Möglichkeiten grenzenlos: Glasscheiben, die auf Knopfdruck opak werden, ein Spiegel, in dem man sich gleichzeitig von vorne und von hinten sieht oder ein Monitor, der das anprobierte Kleidungsstück am Model auf der letzten Modeschau zeigt, über weitere verfügbare Farbvarianten informiert und Kombinationsmöglichkeiten mit anderen Teilen aus der Kollektion vorschlägt. Grundlage hierfür ist die Ausstattung der Kleidungsstücke mit einem RFID-Chip, einer Art Minisender, der Signale an Medienempfänger sendet. Bei Prada wurde damals nur an den Monitor in der Umkleide gesendet, bei neueren Systemen geht das auch auf das Tablet des Verkäufers oder an das Smartphone der Freundin (siehe auch »Der digitale POS«, S. 68ff.).

Nachdem die Händler in den letzten Jahren ihre Konzentration und finanziellen Mittel auf Onlineshops und die Eroberung der sozialen Netzwerke für ihre Märkte fokussierten, scheint nun das Interesse an der Nutzung von digitalen Technologien für das Storedesign und insbesondere für Umkleidekabinen zu steigen.

Derzeit setzt sich Ralph Lauren an die Spitze der Entwicklung und installierte in seinem New Yorker Flagshipstore in der 5th Avenue sogenannte Smart Mirrors. Nach Betreten der Kabine kann der Kunde die Lichtverhältnisse nach seinen Wünschen anpassen, ein RFID-Sensor erkennt das ausgewählte Kleidungsstück und zeigt es in verschiedenen Varianten auf dem Spiegel-Display. Ergänzende Artikel wie beispielsweise der passende Rock zum Pulli, andere Farben oder Größen des jeweils gewählten Produkts können einfach per Klick in die Kabine bestellt werden. Die digitale Interaktion hat somit doch noch einen menschlichen Touch[4].

Ein weiteres Beispiel für den Einsatz digitaler Technologie in der virtuellen Umkleide testete die Unterwäschemarke Triumph. Der »Fantasy Mirror« erlaubte es der Kundin sogar, die Luxuslinie »Triumph Essence« virtuell anzuprobieren, ohne ein Stück Kleidung dafür ablegen zu müssen.
Der außergewöhnliche Spiegel funktioniert mithilfe einer Kamera, die mit einem Bewegungsmelder an einem Bildschirm angeschlossen ist und den Körper unter der Kleidung mit 3D-Infrarottechnik scannt. So entsteht ein virtueller Avatar in der Form der Kundin, der sogar Bewegungen des »echten« Menschen spiegelt. Die Installation wurde exklusiv bei »Selfridges on 3« in London aufgebaut und durch einen Gastauftritt des

Essence-Markenbotschafterin Helena Christensen begleitet. Bisher eine kostspielige Spielerei, mit dem Ziel, das Markenimage zu modernisieren (siehe auch »Virtuelle Anprobe«, S. 73).
Neueste Produktentwicklungen deuten aber darauf hin, dass digitale Technologie in der Umkleide weiter Einzug halten wird.

J&M DAVIDSON

Planer: Universal Design Studio, London
Fertigstellung: 2016
Vertriebstyp: Retail
Ladentyp: Filiale
Sortiment: Monobrand

VOM MUSS ZUM LUXUS

Der Gestaltung von Umkleiden sind – außer dem verfügbaren Platz und den Kosten – keine Grenzen gesetzt. Sie können dem Ladenbaudesign ein ergänzendes Element hinzufügen, indem sie besonders stimmig sind, wie bei J&M Davidson in Mayfair, London. Das Design der Umkleidebereiche unterstreicht hier die Exklusivität der Produkte. Der Raum, der dem einzelnen Produkt gegeben wird, setzt sich in der Großzügigkeit des Anproberaums fort.

Nach Geschäften in Tokio und im Londoner Stadtteil Notting Hill betreibt die bereits 30 Jahre alte Bekleidungsmarke J&M Davidson seit Februar 2016 in Mayfair ihren dritten Laden. Die mit 84 m^2 auf zwei Etagen kleine, aber charmante Boutique ist Teil eines denkmalgeschützten Gebäudes und liegt an einer der berühmtesten Einkaufsstraßen von London. Entworfen vom Londoner Architektur- und Innenarchitekturbüro Universal Design Studio, spiegelt der Laden die glatten, klassische Linien der Marke wieder. Klare Linien und beruhigende, neutrale Farbtöne von staubigem Graublau bis hin zu zarten Rosatönen prägen das Einkaufsparadies für anspruchsvolle Kundinnen, die die Kollektionen hochwertiger Kleidung, Taschen und Accessoires tragen.
Im Mittelpunkt des Ladens steht die freitragende Treppe aus Terrazzo mit einem Leder umwickelten Handlauf, die die Kunden dazu einlädt, das untere Geschoss zu entdecken. Der Terrazzoboden ist im gesamten Erdgeschoss eingebaut und gepaart mit Sockelleisten aus Glas und schweren Betonarbeitsplatten. Hochwertige Stoffe und ein Innenausbau, der ausschließlich weiche, fließende Kanten aufweist, in Kombination mit sorgfältig ausgewählten antiken Möbeln bilden ein ruhiges Ambiente, das gut zur französisch-englischen Marke passt.

Genau diese noble Ausstattung und die Liebe zum Detail, die sich sowohl in den luxuriösen Produkten als auch im ganzen Ladenbau zeigt, setzen sich ohne Abstriche in der geräumigen Umkleidekabine im Untergeschoss fort. Die Tür – umrahmt mit gebürstetem Messing, aus dem auch alle Kleiderstangen und -haken gefertigt sind – ist kombiniert mit rosafarbenen, stoffbezogenen Paneelen. Auch die Wände im Inneren der Umkleide sind mit dem gleichen Stoff ausgekleidet. Die Beleuchtung erfolgt indirekt über eine integrierte Lichtvoute an der Decke und von vorne durch satiniertes Glas. Spots in der Decke sorgen zusätzlich für den ausreichenden Direktanteil, um eine ausreichende, schmeichelnde Beleuchtungsstärke in dem kleinen Raum zu erzielen. Der Boden ist in diesem Bereich mit Teppichboden ausgelegt, der sich besonders angenehm unter den Füßen anfühlt.
Ein großer Spiegel, der ein wenig an einen überdimensionierten Klappspiegel eines 1960er-Jahre-Schminktischs erinnert, symbolisiert die englische Exzentrik des Eigentümers, John Davidson, kombiniert mit dem französischen Chic seiner Partnerin Monique. Die seitlichen Spiegel sorgen dafür, dass sich die Kundin möglichst von allen Seiten betrachten kann. Der großzügige Vorraum der Ankleide dient begleitenden Shoppingpartnern als Warteraum. Dieser Umkleidebereich mit seiner Großzügigkeit und Finesse im Detail zeigt, wie sich der oftmals stiefmütterlich behandelte Bereich auch gestalten lässt.

oben Ausgesuchte Vintage-Beistellmöbel präsentieren die hochwertigen Handtaschen.
rechts Der Klappspiegel, ähnlich dem einer Frisierkommode, lässt eine Betrachtung von allen Seiten zu. Indirektes und direktes Licht beleuchten die Kundin optimal, ohne dass Schlagschatten das Gesamtbild beeinflussen.

DIE BELEUCHTUNG

_PATRICK ROGER

den, geht es um den Wohlfühlfaktor des Kunden und damit um die Verlängerung der Verweildauer im Laden. Denn wo der Kunde sich wohl fühlt, bleibt er länger und wo er länger bleibt kauft er mehr – so die Theorie.
Multisensorik oder auch multisensorisches Marketing dient aber neben der Verlängerung der Verweildauer des Kunden zudem der Vermittlung von Markenwerten über alle Sinne. Dabei kommt es nicht nur darauf an, wie der Laden einer Marke aussieht, sondern welche sensorischen Attribute dem Kauferlebnis noch hinzugefügt werden können: Wie riecht die Marke, welche Musik nutzt sie als die ihre, wie fühlen sich verbaute Oberflächen an und wie schmeckt sie – wenn beispielsweise bei einem Event gratis Drinks ausgeschenkt werden. Kurz, wie lässt eine Marke sich mit allen Sinnen erleben?
Der Planer wird nicht alle sensorischen Marketinginstrumente beim Entwurf des Ladenbaukonzepts verantworten. Er arbeitet hierfür mit dem Auftraggeber, dessen Marketingabteilung oder dem Vertrieb zusammen und schafft in erster Linie die technischen Gegebenheiten für entsprechende Einbauten. Gemeint ist damit das Vorsehen einer Musikanlage für das Abspielen maßgeschneiderter Musikprogramme von spezialisierten Anbietern (POS-Radiodienste), Datensticks bzw. über das Internet bezogener Angebote, genauso wie Systeme zur Raumbeduftung, die über Decken- oder Wandventilatoren in den Raum eingebracht wird. Maßgeblich verantwortet er jedoch die haptische Wahrnehmung einer Marke: beispielsweise die Oberfläche eines Kassentresens als letzter direkter Berührungspunkt mit der Marke. Bei der Handschuhmarke Roeckl wurde hier beispielsweise hochwertiges Leder verarbeitet, das den Wert des gerade gekauften Produkts repräsentiert (siehe »Briefing«, S. 24ff.).
Der Planer sollte sich bei seinem Auftraggeber für die Nutzung von Multisensorik im Ladenbau einsetzen. Die multisensorische Wahrnehmung als unbewusst gefühltes Gestaltungselement des Ladenbaukonzepts hat unter Umständen gravierende Auswirkungen darauf, ob das Konzept beim Kunden ankommt oder nicht. Und das wird wiederum direkt mit dem Planer in Verbindung gebracht.
So wurden bei einem neu entwickelten Ladenbaukonzept eines Wäscheanbieters besonders die Umkleidekabinen gelobt. Aus Kostengründen war das damals der einzige beduftete Bereich.
Prominentes und bis in das erste Jahrzehnt der 2000er-Jahre überaus erfolgreiches Beispiel dafür, die Kunden über ihre Sinne in Kauflaune zu versetzen, ist die Marke Abercrombie & Fitch (A&F). Der bis auf 1892 zurückgehende amerikanische Modefilialist sorgte ab Mitte der 1990er-Jahre zuerst in Amerika und später in Europa mit seinem bis dato einzigartigen Ladenbaukonzept für Furore. In den Geschäften wurde der kalifornische Lifestyle zelebriert. Die Musik wummerte teilweise so laut, dass man sich

links Drei Lichtszenarien nach dem Limbic-Lighting-Konzept
unten links Aesop, Berlin (DE), Snøhetta. Hier wird der Kunde mit Raumbeduftung passend zu Marke und Produkt beeinflusst.
unten rechts Abercrombie & Fitch war lange mit diesem extremen Lichtszenario erfolgreich. Die Ware kommt vor dunklem Hintergrund leuchtend zur Geltung. Darüber hinaus wurden dem Einkaufserlebnis olfaktorische und akustische Sinneswahrnehmungen in Form von lauter Musik und dem Besprühen von Ware und Kunde mit dem Parfum der Marke hinzugefügt.

nur schreiend verständigen konnte. Zudem war es stockduster in den Geschäften und beim Betreten und Verlassen wurde man von spärlich bekleideten männlichen Models mit dem bald als typisch wahrgenommenem Duft besprüht, ohne sich dagegen wehren zu können. Den Duft nahmen Kunden außerhalb der definierten Zielgruppe zwar zumeist als aufdringlich und die Musik als enervierend wahr, aber das Klientel, das sich durch das Konzept ansprechen ließ, war so wie 2006 von A&F Chef Michael gewünscht: »Wir wollen nur die coolen Kids.« Und die standen zu den besten Zeiten der Marke Schlange vor der Tür, um dort ihr Geld zu lassen – das Konzept ging also auf.
In Zeiten austauschbarer Produkte und reizüberfluteter Konsumenten versuchen immer mehr Händler, durch möglichst starke und kongruente Ansprache aller Sinnesorgane eine höhere Wahrnehmung und einen stärkeren Eindruck beim potenziellen Kunden zu erzielen. War dies bei A&F noch überwiegend auf Olfaktorik und Akustik beschränkt, so erobert sich das Feld der Multisensorik stetig den Einzug in die professionelle Ladengestaltung und Markenbildung.

oben Der Chocolatier Patrick Roger arbeitet an einer seiner lebensgroßen Schokoladenskulpturen.
rechts Die Lichtskulptur von Gilbert Moity ist eines der raumprägendsten Elemente im Brüsseler Laden des Franzosen.

PATRICK ROGER

STANDORTSPEZIFISCHE LICHTGESTALTUNG

Die meisten Gebäude am Place du Grand Sablon in Brüssel gehören zum geschützten Weltkulturerbe der UNESCO. Im Erdgeschoss eines dieser Gebäude, in dem weder die Fassade noch der Innenraum verändert werden dürfen, befindet sich der Laden des französischen Chocolatiers Patrick Roger. Der französische Lichtdesigner Gilbert Moity bekam bei der Neugestaltung des noblen Schokoladenladens in bester Brüsseler Lage den Auftrag, eine standortspezifische Beleuchtung zu planen.
Der lange und schmale Raum hat eine sehr hohe Decke. In seinem Zentrum befindet sich eine massive Bronzeskulptur, die als Präsentationstisch für die Schokoladenkreationen dient und in ihrer Form einem liegenden Menhir ähnelt. Die Oberflächenstruktur dieses Hinkelsteins erinnert an die lebensgroßen, mit Kakao bestäubten Skulpturen, die der Schokoladenkünstler Roger regelmäßig ausstellt. »Die Aufgabe lautete, eine Lichtinstallation zu entwerfen, die mit der zentralen Skulptur harmoniert und sich in den bestehenden Raum integriert« sagt Gilbert Moity. Die Höhe des Raums und die Klarheit seiner dominierenden Achsen inspirierten den Lichtdesigner zu einer streng vertikal angeordneten Installation aus grünen und weißen Kunststoffröhren. Moity nahm mit seinem Entwurf Bezug auf das Handwerk des Schokoladenkünstlers, der viel Inspiration aus der Natur schöpft. So hatte er die Idee zur Schaffung von einer Art »hängendem Wald«.
Die Anordnung direkt über dem zentralen Präsentationstisch schafft einen Fokuspunkt, den die Kunden umrunden müssen, um die fragilen Waren betrachten zu können. Über 7 m lang und stolze 450 kg schwer, besteht die Lichtskulptur aus 90 abgehängten, unregelmäßig angeordneten Röhren, deren Länge in vier Größen von 0,60 m bis 1,50 m variiert. Spezielle LED-Lampen und ein integriertes Kühlsystem sorgen dafür, dass die essbaren Schätze, die damit beleuchtet werden, nicht schmelzen.
Der Betrachter nimmt die skulpturale Lichtinstallation zunächst als zweifarbiges Objekt wahr, das durch seine dominierende Vertikalität dem liegenden Präsentationselement einen starken Kontrast entgegensetzt. Ihre glänzend glatte Oberfläche steht im harten Kontrast zur matten Rauheit der liegenden Skulptur. Das Spiel der matten und glänzenden Oberflächen findet sich auch bei den ausgestellten Produkten, wie beispielsweise bei glasierten oder mit Kakao bestäubten Pralinen. Somit spiegelt die Einrichtung des Ladens die Ware wieder. Die Lichtinstallation von Moity stellt im Laden das Äquivalent zum zentralen Präsentationselement dar und ist das notwendige »Gegengewicht« hierzu, was dem Laden eine absolute Ausgewogenheit verleiht.

Planer: PARALLEL Architecture Intérieure, Paris
Lichtdesign: Gilbert Moity
Bruttofläche: 60 m²
Fertigstellung: 2010
Vertriebstyp: Retail
Ladentyp: Filiale
Sortiment: Monobrand

DIE OBERFLÄCHEN

_HUNTER

Oberflächlich betrachtet sind Materialien im Ladenbau Gestaltungsmittel, die durch Haptik und Optik eine bestimmte Atmosphäre erzeugen und so als ein weiteres Puzzlestück zum Erscheinungsbild der Marke am Point of Sale beitragen. In der planerischen Praxis ist das weitaus komplexer. Da muss der Planer bei der Auswahl und Bemusterung neben dem Preis pro Quadratmeter auch auf die Objekttauglichkeit des Oberflächenmaterials achten. Sprich, dass die verwendeten Materialien in ihrer Beschaffenheit den Belastungen durch Abrieb und Abnutzung sowie den Auflagen durch Brandschutz und Arbeitsstättenrichtlinien entsprechen.
Bei Bauvorhaben mit einem engen Terminrahmen kommt zudem die Verfügbarkeit ins Spiel. Denn nicht immer ist rechtzeitig lieferbar, was sich der Entwerfer für das Ladenbaukonzept als passend vorstellt. Außerdem spielt bei der Bemusterung eines Materials die Bauzeitenplanung eine wichtige Rolle. Beispielsweise steht bei einer langen Trocknungszeit die Baustelle still – dabei kommt es besonders bei Ladenumbauten auf Schnelligkeit an. Möglichst kurze Umbauzeiten müssen die oft hohen Ladenmieten und den Ausfall von Umsätzen kompensieren.
Verkaufsmitarbeiter haben in ihrem beruflichen Alltag stets mit den Oberflächen zu tun und sollten diese leicht reinigen können. Akustische Eigenschaften von Materialien spielen des Weiteren eine große Rolle bei der multisensorischen Wahrnehmung und dem Wohlgefühl des Kunden im Laden. Bei der Bemusterung gibt es also viel zu beachten.

links Hunter, London (GB). Naturgemäß liebt man bei dem Hersteller der berühmten Gummistiefel den Regen und so baute man ihm in Form von Stufentischen, die an Pfützen erinnern, sogar kleine Denkmäler.

WÄNDE UND MÖBEL

Die Oberflächen von Wänden und Möbeln sind im Ladenbau ein wichtiges Gestaltungsmittel, müssen aber den Beanspruchungen der Nutzung standhalten und auf die Produkte abgestimmt sein. So wird man empfindliche Textilien beispielsweise nicht auf rauen Oberflächen präsentieren, da sie Schaden nehmen könnten. In hoch frequentierten Bereichen kommt es z. B. zu einem hohem Staubeintrag. Dunkle Flächen, auf denen der aufgewirbelte Staub sehr schnell sichtbar wird, müssen dann oft mehrmals am Tag gereinigt werden. Die Putzeigenschaften und der Reinigungsaufwand der geplanten Oberfläche sind abzuklären, bevor sie dem Auftraggeber zur Entscheidung vorgelegt werden. Bei der Bemusterung ist auch der Reflektionsgrad zu bedenken, den das Material in Bezug auf Beleuchtung und Schall hat. Helle Flächen reflektieren Licht, dunkle Flächen »schlucken« es. Harte Oberflächen werfen den Schall zurück, weiche oder offenporige Flächen absorbieren ihn. Die Vor- und Nachteile sind bei jedem Projekt abzuwägen.

Holz

Es spricht viel für die Verwendung von echtem Holz, besonders bei Marken, deren Identität Naturverbundenheit spiegelt. Andererseits spielt auch der Kostenfaktor eine Rolle: Das natürliche ist meistens teurer als das künstlich hergestellte Material. Den Grad der ökologischen Verantwortung sollte der Planer mit dem Auftraggeber abstim-

men. Darüber hinaus hat Echtholz aber auch Nachteile: Es kann splittern, darunter leiden empfindliche Textilien wie z. B. Pullover, wenn man daran hängen bleibt. Oberflächen, die mit Produkten in Berührung kommen, sollten im Ladenbau aus diesem Grund glatt sein. Ist Holz ständiger Sonneneinstrahlung ausgesetzt, wird es sich zudem in aller Regel farblich verändern.

Laminat, HPL, Schichtstoff

Größere Handelsketten kalkulieren mit einem Lebenszyklus von rund sieben Jahren. So lange sollten die eingesetzten Oberflächen den Beanspruchungen in jedem Fall standhalten. Hochdruckverpresste Schichtstoffe wie High Pressure Laminate (HPL) sind in der Regel langlebig und eignen sich daher besonders gut. Es gibt solche Laminate in allen erdenklichen Dekoren und für die unterschiedlichsten Einsatzzwecke. Schichtstoffplatten haben gute Pflegeeigenschaften, eine womöglich erwünschte Gebrauchspatina entsteht bei künstlichen Oberflächen allerdings nicht.

Mineralwerkstoffe

Besonders individuelle und komplexe Formen lassen sich mit Mineralwerkstoffen erzielen. Auch dreidimensionale oder transluzente Objekte können mit diesem Material problemlos realisiert werden, da es sich durch Erhitzung in jede denkbare Form bringen lässt. Es kann zudem immer wieder nachgearbeitet werden und weist eine gute Farbkonsistenz auf.

Reflektierende Materialien

Zu den reflektierenden Materialien zählen beispielsweise polierte Metalloberflächen und Spiegel. Diese sind im Ladenbau selbstverständlich ein wichtiger Bestandteil, daher müssen sie an geeigneter Stelle, an der sich der Kunde ungestört und mit dem notwendigen Abstand darin betrachten kann, angebracht sein. Je nach Größe des Geschäfts und der zu erwartenden parallel laufenden Verkaufsgespräche kann es erforderlich sein, mehrere Spiegel vorzusehen. Rollspiegel sind eine Lösung, wenn kein Platz mehr an den Wänden vorhanden ist. Das Verkaufspersonal des Auftraggebers oder der Retailmanager können hierzu beraten.
Einfalls- und Ausfallswinkel sind beim Einbau von reflektierenden Materialien unbedingt zu überprüfen, um unerwünschte und überraschende Einblicke beispielsweise hinter den Kassentresen oder in die benachbarte Umkleidekabine zu vermeiden.[1]

Metall

Beim Einsatz von metallischen und besonders bei polierten Oberflächen ist generell deren Abnutzung z. B. durch Anlaufen, Verkratzen oder Verbeulen bei der Planung zu berücksichtigen. Sollte eine sichtbare Oberflächenabnutzung dauerhaft nicht erwünscht sein, ist ein anderes Material zu wählen oder die Oberfläche beispielsweise durch eine Lackierung zu schützen.

[1] Vgl. stores + shops 02/2016

links Thermisch verformter Mineralwerkstoff. Stuart Weitzmann Store, Hamburg (DE), Fabio Novembre
rechts Tapete als Oberflächenmaterial für eine Wand. Konen, München (DE), archibrand

Glas

Glas ist aufgrund seiner Lichtdurchlässigkeit ein beliebtes Material im Ladenbau. Sein Einsatz in der Wandabwicklung, beispielsweise als Regalbord, vereinfacht die Beleuchtung, da das Licht hindurchscheint und nicht wie bei einem Bord aus Holz oder Metall geblockt wird. Vor allem bei Kassentresen und Vorlagetischen ist es ein gern verwendetes Material, da sich dadurch das Möbel gleichermaßen als Vitrine nutzen lässt. In diesem Fall sind jedoch nutzungsbedingte Kratzer auf der Oberfläche unvermeidlich.

Gipskarton

Decken, Trennwände und Vorsatzschalen werden im Ladenbau in der Regel mit Gipskartonplatten auf einer Unterkonstruktion aus Metallständern ausgeführt. Diese stellen dann den Untergrund für dekorative Belägen oder Anstriche dar. Je nach anschließender Gestaltung wird das Oberflächenfinish der gespachtelten Gipskartonfläche in unterschiedlichen Qualitätsstufen – von Q1 bis Q4 – ausgeführt. Das Oberflächenfinish Q1 ist geeignet zur Weiterbearbeitung mit Fliesen oder anderen keramischen Wandbelägen sowie rustikalen Putzarten. Die Standardausführung erfolgt in Q2 und bedeutet, dass die Fläche zur Weiterbearbeitung mit mittelschweren bis schweren Tapeten oder einem füllenden Anstrich geeignet ist. Die Oberflächenqualität Q3 ist zur Weiterbearbeitung mit fein strukturierten Tapeten, matten Anstrichen und Finishputzen mit einer Körnung von weniger als 1 mm Korngröße geeignet. Q4 erfüllt schließlich höchste Ansprüche. Die Oberfläche ist sowohl für die Tapezierung mit Glanz-, oder Metalltapeten als auch für die Lackierung mit seidenmatten Lacken oder Lasuren vorbereitet. Bei einer Beschichtung mit einer hochglänzenden Lackierung kann es notwendig sein, die Fläche zunächst einer zusätzlichen Feinspachtelung zu unterziehen.

Putze, Lacke und Tapeten

Beim großflächigen Einsatz von Oberflächen, die per Hand auf der Baustelle eingebracht werden müssen, ist zum einen der Kostenfaktor Arbeitszeit und zum anderen die Trocknungszeit hinsichtlich eines reibungslosen Bauablaufs zu prüfen. Gegebenenfalls lassen sich handbearbeitete Bauteile vorgefertigt auf die Baustelle liefern. Generell ist bei Putzen und Lacken auf eine ausreichende Abrieb- und Stoßfestigkeit zu achten. Tapeten erfreuen sich derzeit zunehmender Beliebtheit und lassen sich als Trend im Ladenbau bezeichnen.

FUSSBODENBELÄGE

Bodenbeläge sind im Ladenbau extremen Belastungen ausgesetzt. Kundenverkehr und permanente Reinigung fordern ein Höchstmaß an Strapazierfähigkeit. Nicht zu unterschätzen sind auch die akustischen Eigenschaften des Materials. Laut klappernde Absätze auf schwimmend verlegtem Parkett entsprechen unter Umständen nicht der Markenaussage. Bei der Auswahl sollte sich der Entwerfer zunächst die Lage des Geschäfts bewusst machen. Handelt es sich um einen Standort in einem Einkaufszentrum oder in einer Fußgängerzone? Entsprechend ist Schmutz- und vor allem Feuchtigkeitseintrag zu erwarten. In Lagen, in denen im Winter mit regelmäßigem Schneefall zu rechnen ist, muss zudem die mechanische und chemische Beanspruchung durch Split und Streusalze eingeplant werden. Abhilfe kann eine Sauberlaufzone schaffen, die mit mindestens einer Schrittlänge im Grundriss berücksichtigt werden muss.
Wichtig ist, dass die Auswahl von Bodenbelägen in Läden den Arbeitsstättenrichtlinien unterliegt. Diese legen für Verkaufs- und Kundenräume die Rutschhemmklasse 9 (R9) fest. Für Neben- oder Lagerräume (siehe »Back of House«, S. 42ff.) sowie eventuelle Gastronomiebereiche gelten gegebenenfalls andere Rutschhemmklassen.

Holzboden und Parkett

Man unterscheidet massives und Mehrschichtparkett. Bei mehrschichtigem Parkett sollte die oberste Schicht mindestens eine Stärke von 0,55 mm aufweisen.
Der Vorteil von massivem Parkett liegt darin, dass es mehrmals abschleifbar ist. Hier stellt sich jedoch die Frage nach der Lebensdauer eines Ladenbaukonzepts, das üblicherweise nach sieben Jahren steuerlich abgeschrieben ist und ausgetauscht wird. Ein relevanter Punkt bei der Auswahl von Parkett ist die Aufbauhöhe, die beispielsweise zu Problemen mit bestehenden Eingangstüren führen kann. Außerdem ist die langsame Geschwindigkeit der Verlegung im Bauzeitenplan zu berücksichtigen. Die Pflege von Echtholz übersteigt unter Umständen die Kapazität und Kenntnis des Verkaufspersonals, das üblicherweise den Laden reinigt. Auch das ist bei der Entscheidung zu bedenken.

Gegossene oder gespachtelte Böden

Gegossene Böden, beispielsweise in Betonoptik, liegen derzeit im Trend. Homogene Oberflächen bilden zudem einen gleichmäßigen Hinter- bzw. Untergrund für die

Ladeneinrichtung und die präsentierten Produkte. Bei der Auswahl sind jedoch die großflächige Einbringung und lange Trocknungszeiten zu berücksichtigen. Die Begehung ist oft erst nach mehreren Tagen Wartezeit möglich und hat einen hohen Koordinationsaufwand auf der Baustelle zur Folge. Das Entstehen von Haarrissen ist auch bei ordnungsgemäßer Verarbeitung nie ganz auszuschließen, besonders, wenn es sich um große Flächen handelt.

Stein- und keramischer Belag

Das Verkaufspersonal bewegt sich den ganzen Tag auf dem Bodenbelag. Der Planer sollte daher berücksichtigen, dass sich Hartböden bei langem Stehen und Laufen belastend auf Rücken und Gelenke auswirken.
Bei Naturstein muss zudem auf die Aufbauhöhe geachtet werden. Die Verlegung von großformatigen Fliesen erfordert einen völlig ebenen Boden – das kann sich beim Bauen im Bestand als problematisch erweisen. In einem solchen Fall ist eine umfangreiche Ausgleichsspachtelung nötig, die wiederum lange Trocknungszeiten zur Folge hat.
Generell benötigen Naturstein- und Fliesenbeläge eine gute Einpflege (Imprägnierung) durch den Verleger, damit es in der späteren täglichen Reinigung nicht zu Problemen kommt.

links Die Komposition aus mattem Kupferblech, schwarzen Lackflächen und Edelholz ist ein Anspielung an den Instrumentenbau. Die sich in den Metallflächen reflektierenden Leuchten verleihen der Fläche die Festlichkeit eines Konzertsaals. Klassikmusikabteilung bei Ludwig Beck, München (DE), Schwitzke
unten links Bedruckter Bodenbelag im Kaufhaus Engelhorn, Mannheim (DE), Blocher Blocher Partners
unten rechts Elastischer Bodenbelag für höchste Belastung. Bikinihaus, Berlin (DE), Hild und K Architekten (Sanierung).

Textiler Belag

Textiler Belag ist naturgemäß nicht feuchtigkeitsbeständig und eignet sich daher weniger für hochfrequenten Ladenbau oder allenfalls für Ober- oder Untergeschosslagen. Bis der Kunde dorthin gelangt, sind Schmutz und Feuchtigkeit meistens von den Schuhen abgelaufen. In Teilbereichen, beispielsweise zur Betonung eines Fokuspunkts, eignet sich Teppich jedoch sehr gut. Bei Auflageteppichen ist darauf zu achten, dass sie nicht in Hauptlaufwegen liegen, wo sie sich zu Stolperfallen verwandeln könnten, sondern deutlich sichtbar sind und flach aufliegen. In Umkleidebereichen oder Schuhabteilungen, in denen nackte oder bestrumpfte Füße von Kunden mit dem Boden in Berührung kommen, kann Teppich angenehmer sein als andere Beläge. In Schuhgeschäften ist Teppich in Teilbereichen nicht nur aus diesem Grund, sondern auch zum Testen von beispielsweise hohen Absätzen sinnvoll.

Bedruckter Belag
Individuell gestaltete und bedruckte Böden ermöglichen eine unendliche Gestaltungsvielfalt von der Wegeführung bis hin zum Branding. Im Kaufhaus Engelhorn in Mannheim zeigt sich, dass man den Boden sogar zum Zonieren unterteilt nach Marken nutzen kann. Das gibt dem Bodenbelag eine ganz neue Dimension (siehe »Engelhorn«, S. 86f. und Abb. S. 117 unten links).

Elastischer Belag
Elastische Bodenbeläge wie PVC oder Vinyl sind in einer großen Auswahl an Farben und Designs erhältlich, die natürliche Materialien teilweise täuschend echt imitieren. Die Frage, warum man nicht das »Original« verwendet, beantwortet sich oft schnell durch die guten Pflegeeigenschaften, die geringe Aufbauhöhe, die schnelle Verlegung auf der Baustelle und durch in der Regel bessere akustische Eigenschaften als das natürliche Vorbild. Diese Argumente sprechen für sich und somit sind elastische Bodenbeläge die am weitesten verbreitete Belagsart im Ladenbau.

HUNTER

MARKENKOMMUNIKATION MIT MATERIAL UND FARBE

Im ersten Flagshipstore der englischen Traditionsmarke Hunter setzt das britische Designbüro Checkland Kindleysides Farbe und Material gezielt abgestimmt auf die Marke und das Produkt ein.

Planer: Checkland Kindleysides, Leicester
Bruttofläche: ca. 500 m²
Vertriebstyp: Flagshipstore
Ladentyp: Stand alone
Sortiment: Monobrand

Hauptsächlich bekannt ist das seit 1856 bestehende Unternehmen für das in vielen Farben erhältliche Gummistiefel-Modell Wellington, mit dem ihm 1958 ein Klassiker gelang. Inzwischen möchte sich Hunter auch im Bereich von Allwetterkleidung, Schuhen und Accessoires einen Namen machen.
Im neuen und ersten Flagshipstore an der berühmten Regent Street in London kommen Kunden nun hautnah mit der britischen Marke, die einst königlicher Hoflieferant war, in Kontakt. Der Laden soll die Grundlage der zukünftigen weltweiten Einzelhandels- und Shop-in-Shop-Entwicklungen der Marke sein. Auf drei Etagen kreierten die Designer verschiedene Erlebniswelten und setzten leuchtende Farben und Materialien,

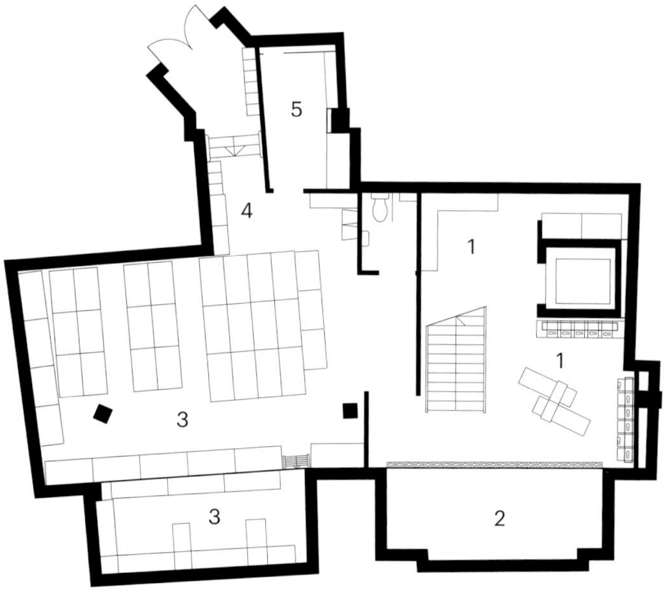

1 Kinderabteilung
2 Miniaturwelt
3 Lager
4 BOH
5 Teeküche

links oben Grundrisse, Maßstab 1:200
links unten Die Wände der Kinderabteilung sind fast ausschließlich mit einer Farbe gestrichen, die in ihrer Oberflächenbeschaffenheit der von Gummistiefeln ähnelt.
rechts Alle eingesetzten Materialien haben einen Bezug zum britischen Landleben – auch der Stiefelraum.

niens berichtet. Immerhin stehen die Produkte, die die Marke verkauft, in engem Verhältnis dazu! Die Wetternachrichten sind mit einem entsprechenden Klangbild gekoppelt, das die jeweilige Wetterlage zum Ausdruck bringt und im gesamten Laden hörbar ist. Auch die Konstruktion der Treppe erinnert wieder an landwirtschaftliche Gebäude. Grau lackierter Stabmattenzaun dient als Absturzsicherung und der Bodenbelag ist in Anspielung an das wichtigste Produkt aus Gummi, der gleichzeitig rutschhemmend ist.

Im ersten Stock des Ladens zitieren die Designer den für England typischen gepflegten Garten. Die Produkte werden vor getrimmten, künstlichen Buchsbaumhecken präsentiert. Handgemachte grüne Bodenfliesen sind als Zitat auf den archetypisch gepflegten englischen Rasen verlegt. Dieses Stockwerk zeigt sich hell und luftig. Wieder wurden die Pfützentische eingesetzt.
Hinter einer Wand neben den »Hecken« befinden sich die geräumigen Umkleidekabinen. Sie sind als einfache Lattenkonstruktion ausgeführt, die in den für Hunter typischen Farben rot und grün bemalt sind.

Sowohl im Erdgeschoss als auch in der ersten Etage gibt es Sitzgelegenheiten – einem ländlichen »Stiefelraum« nachempfunden, wie er in englischen Bauernhöfen üblich ist. Jeder dieser Sitzbereiche ist mit Kopfhörern für die Kunden ausgestattet. Zu hören sind kuratierte Soundtracks, die im Zusammenhang mit Naturerlebnissen stehen. Benutzen Kunden den mit einer Grastapete ausgekleideten Lift, werden sie ebenfalls mit einer Geräuschkulisse aus Wald und Feldern berieselt.
Der »Stiefelraum« in der oberen Etage ist mit vezinktem Stahl verkleidet – erneut als Anspielung an ein in der Landwirtschaft übliches Material beispielsweise für Kannen und Eimer. Hier können die Kunden Arbeitsschuhe für die Feldarbeit anprobieren.

Die Fläche im Untergeschoss mit Artikeln für Kinder unterscheidet sich deutlich von den anderen beiden Geschossen. Der gesamte Bereich ist mit den kontrastreichen Farben des typischen Rot und reinem Weiß gestaltet. Daher erscheint er wie in Hunterrote Gummifarbe getaucht. Wie Ziegel stapeln sich an den Wänden die Produkte in versetzt angeordneten Schubladen.
Unter dem Gehsteig der Regent Street ist eine kleine Miniaturwelt aufgebaut, die die Produkte kindgerecht präsentiert. Hier im Keller befindet sich auch das Lager: Die grafisch gestalteten Schuhkartons sind einfach nach Größen aufeinandergestapelt. Dies ergibt ein weiteres gestalterisches Element und dient dem Verkaufspersonal zugleich als Nahlager – ganz ohne Flächenverlust.

DAS SCHAUFENSTER

Ähnlich dem Titelblatt eines Magazins steht das Schaufenster für das, was sich dahinter verbirgt, macht im besten Fall Lust auf mehr und animiert den Kunden, den Laden zu betreten. Deshalb ist das Schaufenster von entscheidender Bedeutung für den Erfolg des Ladens und sollte von Anfang an in die Planung einbezogen werden.
Die Frage nach einer »offenen« oder »geschlossenen« Ausführung stellt sich dabei bei jedem Auftraggeber neu, und es gibt keine prinzipielle Antwort darauf. Es muss daher mit dem Auftraggeber und dessen Visual Merchandiser besprochen werden, ob das Schaufenster eine Rückwand erhält oder nicht. Die Entscheidung muss jeweils in Abhängigkeit von der Marke und den Produkten getroffen werden.
Für einen Dessous-Laden ist meist die geschlossene Schaufensterrückwand die richtige, da sich die Kundin sonst beobachtet fühlt. Das Fenster für den Concept Store ist dagegen zum Laden hin offen, da dieser gleichsam als Schaufenster dient. Es gibt ebenfalls regionale Besonderheiten, wie z. B. in den Niederlanden, wo Schaufenster, egal welches Produkt verkauft wird, in der Regel keine Rückwand haben und der Laden von außen einsehbar ist. Die Größe des Geschäfts spielt natürlich ebenfalls eine Rolle: Je kleiner es ist, desto mehr Großzügigkeit verleiht ein Schaufenster ohne Rückwand. Wichtig ist außerdem, dass sich das Schaufenster für geplante Werbekampagnen generell eignet. Sofern der Auftraggeber mehrere Geschäfte betreibt, wird das Schaufenster des neuen Ladens den bestehenden Geschäften angepasst, da die Ausstattung der Kampagnen in der Regel einheitlich ist.
In jedem Fall muss der Bestand bzw. der Bedarf an Requisiten für die Dekoration, wie Schaufensterpuppen, Büsten und Podeste, abgefragt und bei der Planung berücksichtigt werden. Für größere Fenster benötigt man mehr Requisiten und mehr Ware, um es zu füllen. Das ist ein nicht zu unterschätzender Kostenfaktor im späteren Betrieb.

links Aesop, Mailand (IT), Dimorestudio. Schaufenster ohne Rückwand lassen Ein- und Ausblicke zu. Der Innenraum des Ladens wird so zur Schaufensterdekoration.

Die gängigsten Schaufenstertypen sind:

- Schaufenster mit geschlossener Rück- und Seitenwand
  Mit einer großen Scheibe zur Ladenfassade, ausgerichtet auf die Passanten, einer Rückwand und zwei Seitenwänden ähneln sie einer Bühne. Solche Fenster sind spannend zu inszenieren, da sie nur einen Blickwinkel bieten – nämlich den von der Straße. Bei der Beleuchtungsplanung des Ladens ist hier zu beachten, dass eine geschlossene Schaufensterrückwand den Tageslichteinfall verhindert. In einem allseitig geschlossenen Schaufenster muss es eine verschließbare Tapetentür[1] geben. Nicht nur um Ware in das Schaufenster zu bringen, sondern auch um teure Produkte vor Diebstahl zu schützen. Die Größe des Durchgangs muss sowohl der Ware als auch den zu erwartenden Requisiten angepasst sein. Idealerweise ist die Tapetentür in einem geschlossenen Schaufenster in einer Seiten- und nicht der Rückwand positioniert.
- Schaufenster ohne Rückwand
  Viele Händler bevorzugen offene Schaufenster, da sie das Innere des Ladens von außen sichtbar lassen. Dies bedeutet allerdings auch, dass der Innenraum stets

[1] Tapetentür: wandbündige Tür mit unsichtbarem Rahmen

gepflegt und attraktiv aussehen muss. Ungewollte Einblicke z. B. hinter den Kassentresen sollten vermieden werden. Offene Schaufenster sind schwieriger zu dekorieren, da sie sowohl von innen als auch von außen einsehbar sind. Da Kunden in die Auslage greifen können, eignet sich das Schaufenster ohne Rückwand nicht für komplizierte Schaufensterdekorationen, deren Wirkung z. B. verloren geht, wenn ein Kunde etwas umplatziert. Zudem ist bei der Präsentation von teurer Ware ein Diebstahlschutz unabdingbar, beispielsweise durch einen Eingriffschutz. Zu bedenken ist auch, dass die fehlende Rückwand des Schaufensters im Innenraum als Präsentationsfläche für den Warendruck wegfällt. Eine halbhohe oder Teilrückwand löst oftmals das Problem.

- Schaufenster ohne Begrenzung
  Einkaufszentren sind ein gutes Beispiel für Ladenlokale ohne ausgewiesenes Schaufenster, da die gesamte Front des Ladens zum öffentlichen Erschließungsweg geöffnet ist. Außerhalb der Öffnungszeiten wird der Laden oft nur mit einem Rollgitter geschlossen. Augenscheinlich gibt es keine Anforderungen an die Schaufenstergestaltung, jedoch sollten einige Warenpräsenter im Eingangsbereich positioniert werden, um Kunden zum Eintreten zu animieren.
- Schaufenster, die als Vitrinen gestaltet sind
  Auf kleine Gegenstände wie z. B. Schmuck spezialisierte Händler setzen häufig auf Vitrinen oder Schaukästen, um die Aufmerksamkeit der Passanten zu erregen. Diese Miniatur-Schaufenster befinden sich auf Augenhöhe, um dem Verbraucher die genaue Prüfung der Ware zu erleichtern. Das kleine Format des Fensters entspricht dabei auch der geringen Größe des Produkts.

Folgende grundlegende Dinge sind bei der Schaufensterplanung zu berücksichtigen.
Beleuchtung:

- Die Abmessungen des Fensters bestimmen die Position der Beleuchtung. Bei geringer Tiefe des Fensters müssen die Leuchten gegebenenfalls an den Seitenwänden angebracht werden, um die Ware in einem optimalen Winkel anstrahlen zu können.
- Beleuchtungskörper können an der Decke, an den Seitenwänden oder im bzw. am Boden platziert sein. Im Boden eingebaut, bergen Leuchten eine besondere Feuergefahr. Es ist daher unbedingt auf ausreichend Abstand zur Ware und eine geeignete Abdeckung der Beleuchtungskörper z. B. mit Glas zu achten.

Boden:

- Der gleiche Boden im Fenster wie im Laden vergrößert den Ladenraum optisch bei bodentiefen Fenstern.

- Der Visual Merchandiser bevorzugt lose, bearbeitbare Bodenplatten oder Podeste, die er problemlos der Kampagne anpassen kann.
- Insbesondere bei Altbauten sollen im Fensterbereich angebrachte Heizkörper vor Beschlagen der Scheiben schützen. Es lohnt sich, das Lüftungskonzept zu hinterfragen. Oft sorgt eine moderne Klimatechnik für ausreichend Regulierung der Raumfeuchte, und der Heizkörper kann demontiert werden. Sollte dies nicht möglich sein, verdeckt ein perforiertes Podest den Heizkörper und kann gleichzeitig der Warenpräsentation dienen.

Decke:
- An der Decke des Schaufensters befindet sich in der Regel neben der Beleuchtung ein Deckenraster oder Schienen, um die Dekoration anzubringen. Das Deckenraster muss tragfähig sein, denn unter Umständen werden sogar Schaufensterpuppen abgehängt. Ein schlichtes Gitter in Deckenfarbe lackiert ist oft ausreichend.
- Bei einigen aktuellen Konzepten werden fest montierte Gestelle eingebaut, die im Design dem Ladenbau entsprechen. Diese haben den Nachteil, dass sie statisch sind, sodass sie sich neuen Kampagnen nur schwer anpassen lassen. Auf lange Sicht sind sie aber für den Händler oft günstiger als wechselnde Kampagnen.

Weitere mögliche Ausstattungsmerkmale von Schaufenstern:
- Einbau einer Stromversorgung für Dekorationselemente nahe an der Fensterfront, damit sie von außen nicht sichtbar ist
- temporärer innenseitiger Sichtschutz während des Umdekorierens
- Schutz vor UV-Strahlung, damit die Ware sich nicht farblich verändert (besonders bei Lederwaren) durch Einbau von speziellem Schutzglas oder durch nachträglich aufgebrachte selbstklebende UV-Schutzfolien auf bestehende Scheiben. Diese haben einen vergleichbaren Effekt, sind aber in der Anschaffung günstiger. Auf Farbechtheit ist bei beiden Ausführungen zu achten.
- Schutz vor Hitzeeintrag durch Sonneneinstrahlung, z. B. mithilfe einer Markise, die zudem die Markeninszenierung und Werbung unterstützen und daher zugleich Teil des Außenwerbekonzepts sein kann (siehe »Die Außenwerbung«, S. 126ff.).
- Verwendung von entspiegeltem Fensterglas auf Wunsch des Auftraggebers, damit Kunden die Auslagen ungestört von Spiegelungen betrachten können.

links Konzept für eine weltweite Victorinox-Kampagne, DFROST. Mit geschlossener Rück- und Seitenwand wird das Schaufenster zur Bühne für das Produkt.
oben Codello, Berlin (DE), Buero Philipp Moeller. Mithilfe der stilisierten gläsernen Fingerhüte zeigt die Firma in den eigenen Geschäften die Tiefe des Sortiments im Schaufenster. Da sie die Durchsicht nur wenig abblocken, verbinden sie das Innen mit dem Außen. Im fest installierten Regal, das wenig Spielraum für Dekoration lässt, gibt es definierte Nischen für wechselnde Kampagnen.
unten Kaufhaus Breuninger, Stuttgart (DE), DFROST. Diese Schaufensterdekoration nutzt alle drei Ebenen des Raums, um dem Passanten die Maßschneiderei des Unternehmens vorzustellen. Die Rückwand zeigt die handwerkliche Herstellung, im Mittelraum steht das eigentliche Produkt und die vordere Ebene der Glasscheibe bietet ergänzende Informationen. Alle Ebenen sind gleichermaßen gut sichtbar beleuchtet.

DIE AUSSENWERBUNG

Wie bei einer Produktverpackung repräsentieren die Fassade und die Außenwerbung in Materialität und Gestaltung den Inhalt und sind somit integraler Bestandteil der stringenten Markenkommunikation am Point of Sale (POS). In erster Linie dient die Außenwerbung dazu, dass der Kunde den Laden findet, wobei der Übergang zwischen Fassade und dazugehöriger Beschilderung manchmal fließend ist.

WERBEANLAGE

Die Beschilderung bzw. Werbeanlage bildet nicht nur das Logo, sondern die Markenaussage dreidimensional an der Fassade ab. Die Schnittstelle für den Planer ist in der Regel die Marketingabteilung des Auftraggebers. Oft ist die dreidimensionale Umsetzung des Logos für Außenwerbung nicht spezifiziert, wohingegen die Nutzung im Printbereich, beispielsweise für Verpackungen und Werbung, klar geregelt ist. Der Planer kann aus den Vorgaben für den Umgang mit dem Firmenlogo im 2D-Bereich Elemente für die Außenwerbung ableiten, es bedarf jedoch der Abstimmung mit der Marketingabteilung, damit die Außenwerbung dem festgelegten Corporate Design entspricht. Grundsätzlich ist zu klären, ob das Logo beleuchtet oder unbeleuchtet ausgeführt werden soll. Hierbei kann sowohl der Schriftzug angestrahlt werden, als auch selbstleuchtend sein. Die gute Lesbarkeit bei Dunkelheit macht die selbstleuchtende Variante zur bevorzugten Lösung des Händlers.

links Kärtner Straße in Wien. In dieser Haupteinkaufsstraße hat die Konkurrenz der Ladenbetreiber um das längste Nasenschild bereits skurrile Züge angenommen.

Ist das Design der Beschilderung abgeschlossen, stellt sich als nächstes die Frage nach der Ausführung. Generell wird in Einzelbuchstaben und Leuchttransparent[1] unterschieden. Mischformen aus beidem sind möglich. Einzelbuchstaben werden mittels mehrerer Gewindestäbe pro Buchstabe montiert. Zudem benötigt jeder Buchstabe eine eigene Stromzufuhr. Ihre Montage impliziert folglich viele Bohrlöcher in der Fassade und kommt deshalb oft nicht infrage. Eine mögliche Lösung ist eine Trägerplatte oder die Montage auf einer Leiste. Das Leuchttransparent gibt es zur Wandmontage in einseitiger Ausführung oder als Ausleger[2] mit beidseitiger Beschriftung. Es benötigt nur wenige Haltepunkte und in der Regel einen einzelnen Stromanschluss. Bei der Ausführung hat man generell die Wahl zwischen

- nach vorne strahlend
- nach hinten strahlend
- zur Seite strahlend

Bei den Materialien muss die Wahl in jedem Fall zwischen transluzent in verschiedenen Abstufungen sowie opak fallen. Die Ausführungsmöglichkeiten sind mannigfaltig und es ist technisches Spezialwissen erforderlich, um eine der Markenaussage entsprechende Detailplanung zu erstellen. So sollte z. B. das Logo einer Premium-Marke gleichermaßen aus hochwertigen Materialien und Leuchtmitteln gebaut werden. Die Markenaussage von Chanel wäre beispielsweise nicht getroffen, wenn das

[1] Leuchttransparent, auch Fassadenbanner oder Leuchtkasten
[2] Ausleger, auch Nasenschild, Fahnenschild oder Busstop-Sign

Leuchtschild in der gleichen Flächigkeit und Lichtstärke wie das eines Supermarkt-Discounters leuchten würde. Nach der Erstellung des Vorentwurfs empfiehlt es sich daher, bei der Detailierung der Werbeanlage die Unterstützung durch eine Fachfirma einzuholen. Aufgrund vielfacher Erfahrung kann diese die Wirkung und das Zusammenspiel von Material und Leuchtmittel am besten beurteilen und Empfehlungen abgeben.

Viele Händler sehen ihr Markenzeichen gerne möglichst groß und häufig wiederholt am Point of Sale platziert. Es ist zu bedenken, dass die Kunden viele Wiederholungen des Logos und übergroße Schilder (»Over-Branding«) eher als Synonym für »billig« wahrnehmen. Über die maximale Größe der Werbeanlage entscheidet in der Regel die Behörde, denn sie ist meist genehmigungspflichtig. Es gibt regionale Unterschiede, doch generell sollte der Planer von einer Genehmigungspflicht ausgehen. Ein Antrag ist bei der unteren Bauaufsichtsbehörde einzureichen. Die Bearbeitung der Genehmigung kann mehrere Wochen dauern, daher ist es ratsam, sich rechtzeitig vor dem geplanten Eröffnungstermin darum zu kümmern.
Die Produktion einer beleuchteten Werbeanlage erfolgt heutzutage ausschließlich in energiesparender LED-Bestückung und in der für den Außenbereich geeigneten Schutzart IP 67. Zusätzlich oder alternativ dazu lassen sich folgende Elemente zur Außenwerbung einsetzen:

- Markise mit Firmenlogo bedruckt
- Fensterbeklebung
- Folierung größerer Flächen
- Fassadenbemalung, aufgemalte Schriftzüge
- Fassadenverkleidungen

EINGANGSTÜR

Die Eingangstür zu einem Geschäft ist oft das zentrale Element der Fassade. In ihrem direkten Umfeld oder auf ihr selbst sollten folgende Inhalte geplant und berücksichtigt sein:

- Öffnungszeiten
- Ziehen / Drücken-Hinweis
- Hinweis auf den Onlineauftritt, z. B. »24 Stunden geöffnet unter www...«
- Name und Telefonnummer des Inhabers
- Gestaltung und Haptik des Türdrückers
- Türschloss

Der Ansprechpartner für die Informationen ist meist die Vertriebsabteilung des Auftraggebers, bezüglich der Gestaltung ist mit der Marketingabteilung zusammenzuarbeiten. Der Türgriff, mit dem der Kunde beim Betreten des Ladens hautnah mit der Marke in Kontakt kommt, sollte in Materialität und Form der Marke entsprechen. Einige Firmen nutzen den Türgriff, um ihr Logo zu wiederholen oder sie nutzen Symbole, um bereits hier auf ihre Ware aufmerksam zu machen. Bei der Detailplanung des Türschlosses muss auf die Montagehöhe des Schlosskastens geachtet werden. Die Körpergröße und Griffhöhe des Personals ist bei der Festlegung zu bedenken.
Für die Fangemeinde des FC Chelsea wurde die Eingangstür zum Fanshop wie der Zugang zum heiligen Gral gestaltet. Fassade und Außenwerbung kennzeichnen und verlebendigen die Fanparole »Home of the Blues« und schaffen somit eine Sichtbarkeit der Marke im Außenraum.

links oben Louis Vuitton Flagshipstore, Tokio (JP), Jun Aoki & Associates. Mit einem »Brand Pattern« belegt, einem Muster, das das Logo der Marke in Ornamenten spielerisch auflöst, dient die gesamte Fassade der Außenwerbung.
links unten Chelsea Fanshop, London (GB), Schwitzke. Das Wappentier des Traditionsvereins, ein Löwe, blickt den Fans von der mikroperforierten Metallfassade des Chelsea Fanshops nach dem Umbau entgegen.
oben Muster beleuchteter Einzelbuchstaben in verschiedenen Dichtigkeiten und Ausführungsvarianten: nach vorne und nach hinten strahlend. Den Gestaltungsmöglichkeiten sind kaum Grenzen gesetzt. Muster der Firma Lichtwerbung Fischer
rechts Livraria da Vila, São Paulo (BR), Isay Weinfeld. Die Ware wird zum Gestaltungselement der auf der gesamten Breite des Ladens öffenbaren Fassade. Eingangsbereich und Schaufenster werden optimal als Warenpräsentationsfläche ausgenutzt.

VON DER VERGABE BIS ZUR ABNAHME

_LONGCHAMP

LONGCHAMP

Planer: Giuseppe Galioto (Longchamp Paris)
Ladenbau: Ganter Interior, Waldkirch
Verkaufsfläche + BOH: 161 + 171 m² (EG) 139 + 27 m² (OG)
Ausführungsbeginn: 08/2014
Fertigstellung: 11/2014
Vertriebstyp: Retail
Ladentyp: Filiale
Sortiment: Monobrand

links Bereits fertige Bauteile müssen während der Schlussarbeiten vor Beschädigung und Verschmutzung gut geschützt werden, damit bei der Übergabe an den Auftraggeber alles in einwandfreiem Zustand ist.

PROFESSIONELLES BAUMANAGEMENT

Für das weltweit bekannte französische Unternehmen für luxuriöse Lederwaren und Damenkonfektion, Longchamp, realisierte die Firma Ganter aus Waldkirch Ende November 2014 in der Münchner Residenzstraße einen Flagshipstore.
Die Altbaulage barg ihre Herausforderungen, weiß Florian Engels, Senior Project Manager. Drei Gebäude wurden für den zweigeschossigen Laden mit insgesamt 300 m^2 Verkaufsfläche zusammengelegt. Besondere Herausforderung war die Statik des neuen Flagshipstores. Damit der Verkaufsraum für Longchamp entstehen konnte, mussten mehrere neue Träger und neue Decken in die entkernte Gebäudehülle gezogen werden. Erst nach Abschluss der Rohbauarbeiten konnte an Innenausbau und Ladenbau gearbeitet werden. Die gesamte Bauzeit betrug lediglich 3,5 Monate.
Für Architektur und Innenarchitektur zeichnet sich Longchamp selbst verantwortlich. Ganter übernahm die Planung und Ausführung des Trockenbaus, der Elektroarbeiten, der kompletten HKL-Arbeiten (Heizung, Klima, Lüftung), eines Teils der Fassadenarbeiten (Glas, Metall und Werbeanlage) und teilweise der Estricharbeiten sowie des kompletten Ladenbaus.

Nicht nur bei den Produkten, auch bei der Einrichtung des neu gestalteten Flagshipstores von Longchamp spielen luxuriöse Materialien, feine Details, Handwerkskunst und hohe Qualität eine zentrale Rolle. Das spiegelt sich auch im Inneren wieder: Geweißte Eiche, matt lackiertes Mahagoni, feinstes Leder für Kassenmöbel, Tischoberflächen und Wandpaneele bestimmen das Interieur. Für die Deckenabhängungen mit umlaufendem Lichtgraben wurden kundenspezifische Muster im Wechselspiel von Hochglanz und Matt auf Aluminiumplatten gedruckt.
Auf beiden Etagen dominieren helle Farben für Boden und Wand: glänzende Fliesen in hellen Beige- und Sandtönen – im Verlegemuster dem bayrischen Wappen nachempfunden –, Wandverkleidungen und -abwicklungen mit unterschiedlich strukturierten Materialien. Alles lässt Raum für die Präsentation der Ware.

Ein besonderes Highlight hinsichtlich Konstruktion und exklusiver Materialien ist die Treppe, die das Erdgeschoss mit dem ersten Obergeschoss verbindet. Ihr charakteristisches, geschwungenes Geländer zieht die Besucher regelrecht ins Obergeschoss hinauf. Gefertigt sind die Bänder aus schichtverleimter Erle. Eigens entwickelte, von der Decke abgehängte, hochglänzend weiß lackierte Kuben mit integrierten, LED-beleuchteten Acrylglasstäben erhellen die Treppe.
Aufgrund des Altbaubestands konnte erst während der Bauphase die Decke zwischen Erdgeschoss und erstem Obergeschoss für das Treppenauge abgebrochen und entsprechend der örtlichen Gegebenheiten statische Berechnungen angestellt werden. Während der Bauphase und im Bauablauf führte das zu großen Herausforderungen, denn der Auftraggeber bestand auf den ursprünglich geplanten Eröffnungstermin.

VERGABE

Beim Bau eines Ladens gibt es in Abhängigkeit von der möglichen Bauzeit, dem veranschlagten Budget und der Bewertung möglicher Risiken bei der Ausführung zwei Möglichkeiten der Vergabe: Zum einen können die Gewerke in Einzellosen ausgeschrieben und vergeben werden. Die Koordination und Bauleitung übernimmt dann gegebenenfalls der Planer oder ein externer Bauleiter.
Zum anderen kann die komplette Abwicklung durch einen Generalunternehmer (GU) erfolgen, der alle anfallenden Aufgaben koordiniert und die Realisierung bis zur Schlüsselübergabe verantwortet. Der Ansprechpartner für die Entscheidung, wie die Vergabe ablaufen soll, ist der Auftraggeber.
Beim Projekt Longchamp war Ganter mit dem Ladenbau und Teilen der GU-Leistung beauftragt, d. h. mit Trockenbau, Fassade, Elektro und Ladenbau. Haustechnik und Baukonstruktion wurden von Longchamp separat vergeben. Die übergeordnete Bauleitung übernahm ein lokaler Architekt.

Ist eine lange Bauzeit möglich, erzielt man mit einer Vergabe in Einzellosen unter Umständen ein finanziell besseres Ergebnis, da man durch die Ausschreibung einen Vergleich anstellen kann. Hierbei müssen jedoch die Kosten für die Bauleitung eingeplant und Schnittstellenverluste zwischen den Gewerken einkalkuliert werden. Bei möglichen Gewährleistungsansprüchen ist zu bedenken, dass während der Bauzeit viele Projektbeteiligte auf der Baustelle waren. Das kann später zu Problemen führen.
Für den Fall, dass der Eröffnungstermin das wichtigste ist, empfiehlt sich eine GU-Vergabe oder zumindest eine Vergabe in möglichst großen Paketen, wie Longchamp es organisiert hat. Eine solche Vergabe ist zwar womöglich teurer, man muss dabei aber einrechnen, dass der Auftraggeber dann nur einen direkten Ansprechpartner für alle Gewerke hat, der diese auch untereinander koordiniert. Ein großer Vorteil ist zudem die in einer Hand liegende Gewährleistung.
Bei der Vergabe ist außerdem in Einzelfertigung und »Rollout« zu unterscheiden. Bei einem Rollout, bei dem mehrere Geschäfte einer Marke gebaut werden, liegt bei einer Vergabe an einen Generalunternehmer ein großer Vorteil in den Wiederholungseffekten. Dieselben beteiligten Personen kennen den Kunden und das Konzept. Diese Effekte schlagen sich auf die Kosten um und können den Nachteil erstmalig höherer Kosten wieder ausgleichen.

links Die Fassade nach dem Umbau. Vorher befand sich hier eine Filiale einer internationalen Kaffeehauskette.
rechts Änderungen des Planers in der Freigabezeichnung eines Kassentresens.

ENTWURFS- UND WERKPLANUNG

Wie jedes Bauprojekt beginnt auch die Realisierung eines Ladenbaukonzepts bereits mit dem Entwurf. Idealerweise hat der Entwerfer während des gesamten Planungsprozesses die Realisierung stets vor Augen. Es sollte genug Zeit eingeplant werden, um die Ausführungsplanung gemeinsam mit dem GU bzw. den ausführenden Firmen zu besprechen und die Kosten zu optimieren.
Auch beim Ladenbaukonzept von Longchamp hat das Konstruktionsteam von Ganter nach Möglichkeiten der Kosten- und Qualitätsoptimierung gesucht. Dafür wird jeder Entwurf der Gestalter überprüft und Verbesserungsmöglichkeiten identifiziert. Bereits kleine Veränderungen in der Konstruktion oder der Materialauswahl ermöglichen signifikante Kosteneinsparungen und helfen, die Logistik und die Installation zu vereinfachen (siehe »Konstruktion der Möbel«, S. 85«).

Gibt der Auftraggeber die Planung durch Abzeichnen frei, dann gibt es später keine Überraschungen. Die ausführende Firma wird in jedem Fall noch eine Werkplanung erstellen, die der eigentlichen Produktion der Bauteile dient.
Bei der Übergabe von Entwurfszeichnungen durch den Planer lässt sich immer wieder feststellen, dass beispielsweise das Sicherheitskonzept entweder nicht existiert oder, wenn es existiert, nicht in der Planung berücksichtigt ist. Häufig gibt es auch unberücksichtigte Maßtoleranzen der Gewerke untereinander oder Vorwandinstallationen ohne eingeplante Unterkonstruktionen. Solche im späteren Verlauf auftretende Unstimmigkeiten bedeuten für den ausführenden Betrieb natürlich Mehraufwand und so manches ausführlich geplante Detail lässt sich nach Anpassung an die Realität nicht mehr umsetzen, weil beispielsweise der Platz dafür fehlt.

BAUSTELLE

Baustellen im Ladenbau können von unterschiedlicher Größe und Aufgabenstellung sein. Beim Umbau der Longchamp-Fläche waren Gewerke wie Stahl- und Betonbau sowie der Einsatz von großem Gerät notwendig. Üblicherweise beschränken sich Baustellen im Ladenbau allerdings auf die Innenausbaugewerke wie Bodenleger, Schreiner, Trockenbau und Maler sowie die Haustechnik und wenige Spezialgewerke, wie beispielsweise Außenwerbung.

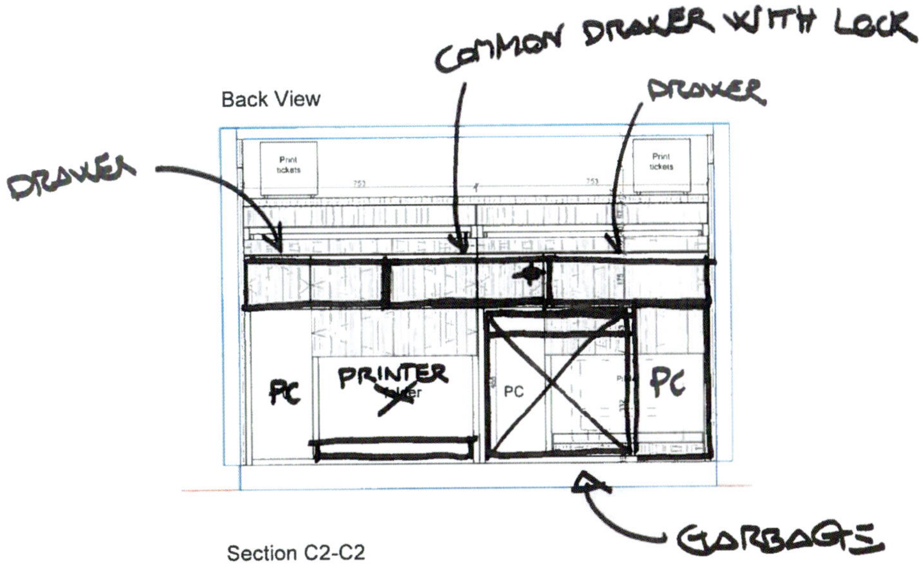

Section C2-C2

Grundlagen vor Baubeginn

Bevor der Bau beginnt, sollte das Vorhandensein wichtiger Unterlagen überprüft und gegebenenfalls vorhandene Einschränkungen abgeklärt werden, wie z. B.:

- Bestandspläne des Objekts
- Baugenehmigung, Nutzungsänderung, Werbeantrag sofern notwendig
- Brandschutzkonzept
- Objektdaten, z. B. die genaue Adresse der Baustelle
- Ansprechpartner für das Objekt wie Hausmeister
- Schlüsselübergabe (Schlüsselprotokoll)
- Benachrichtigung der Nachbarn, um Beschwerden zu vermeiden
- Klärung von Ausschlusszeiten für Lärmarbeiten
- Anlieferzeiten, beispielsweise in Fußgängerzonen

Baustelleneinrichtung

Im Ladenbau wird die Baustelleneinrichtung oft – und manchmal auf sehr kreative Weise – zu Werbezwecken genutzt. Bereits mit dem Abkleben der Fenster oder auf Bannern am Baustellenzaun wird auf die anstehende Neueröffnung hingewiesen. Das Motiv dafür gestaltet in der Regel die Marketingabteilung des Auftraggebers. Gegebenenfalls geht der Verkauf im Laden während der Bauphase weiter. Dies impliziert beispielsweise Staubwände, die unter Umständen mehrmals versetzt werden müssen. Das ist bei der Planung der Baustelleneinrichtung bezüglich Kosten- und Terminplanung zu berücksichtigen.

Bauleitung

Die Bauleitung kann in eine technische Bauleitung der Ausführung und eine künstlerische Leitung aufgeteilt sein. Diese Aufteilung zwischen Planer und ausführendem Unternehmen bietet sich beispielsweise an, wenn ein GU beauftragt wurde. Der Planer bildet dabei oft die Schnittstelle zum Auftraggeber. Es empfiehlt sich, mit dem Auftraggeber und den anderen internen Partnern wie Visual Merchandising (VM) und Vertrieb während der Bauphase engen Kontakt zu halten und sie wenn möglich auf die Baustelle einzuladen. Das erleichtert eine reibungslose Übergabe nach Fertigstellung. Die wichtigsten Aufgaben der Bauleitung im Ladenbau sind:

- Kontrolle der Ausführung in Übereinstimmung mit Ausführungsplanung und beauftragtem Leistungsbild, Aufmaß zur Abrechnung

oben Auch die Fassade wurde umfangreich umgebaut und dem Entwurf des Planers angepasst.
links Das Highlight des neuen Ladens, die geschwungene Treppe, die das EG mit dem 1. OG verbindet, war konstruktiv eine Herausforderung. Beim Umbau im Bestand waren statische Berechnungen erst möglich, nachdem der Deckendurchbruch für das Treppenauge gemacht und die Trägerlage freigelegt war.
rechts oben Hier wird die Umbauzeit des Ladens genutzt, um auf die nächstgelegene Filiale hinzuweisen.
rechts unten Zwingen halten das Geländer aus schichtverleimter Erle während der Trocknungszeit.

- Terminplanung und Überprüfung der Einhaltung von Terminen
- Organisation und Protokollieren von Baustellenbesprechungen
- Fotoprotokolle der Baustelle und Unterkonstruktionen
- Kostenkontrolle
- Überwachung der Arbeitssicherheit
- Einhaltung baurechtlicher Belange
- Abschlussdokumentation und Mängelbeseitigung

KOSTENPLANUNG UND -KONTROLLE

Generell sind bei der Kostenkalkulation nach oben keine Grenzen gesetzt. Nach unten schon, denn ab einem gewissen Punkt sind der Einkauf von Material und die notwendige Arbeitszeit nicht mehr realistisch darstellbar.
Bei der Kostenplanung muss differenziert werden, ob es sich um eine einmalige Änderung der Einrichtung handelt oder um ein Konzept, das in größerer Stückzahl vorproduziert werden kann und als Rollout anzusehen ist. Auch hat die Gesamtfläche großen Einfluss auf den Quadratmeterpreis. Es gibt unzählige Fixkosten, wie beispielsweise die Baustelleneinrichtung, die immer in gleicher Höhe anfallen, egal ob 60 oder 2000 m^2 umgebaut werden sollen. Folgende Kostenfaktoren sind im Ladenbau üblich:

Planung und Gebühren

- Aufmaß zur Erstellung von Bestandsplänen
- Genehmigungen, z.B. Baugenehmigung
- Honorare für Planung und Bauleitung
- Gutachterkosten wie Statik und Brandschutz
- Sachverständigenabnahmen

Bauwerk und technische Anlagen

- Baustelleneinrichtung
- Abbruch und Entsorgung
- Treppen und Aufzüge
- Maurer- und Betonarbeiten
- Trockenbau
- Maler- und Tapezierarbeiten
- Bodenverlegung
- Sonnenschutz
- HLS (Heizung, Lüftung, Sanitär)
- Elektroarbeiten
- Beleuchtung / Sicherheitsbeleuchtung
- Brandmelde- und Sprinkleranlage inklusive Feuerlöscher
- Telefon und EDV (WLAN)
- Alarmanlage
- Baureinigung

Ladenbau inklusive Lieferung und Montage

- Wandsysteme inklusive Bestückungsteile
- Mittelraummöbel
- Schaufenster
- Kassentresen inklusive Kassensystem
- Umkleiden
- Kunden- und Eventbereiche
- BOH-Einrichtung
- Digital Signage
- Video- und Musiktechnik
- Beduftung

- Diebstahlsicherung, Frequenzmessung
- Fassade und Werbeanlage

Visual Merchandising
- Dekoartikel
- VM-Möbel, wie z. B. Tabletts und Kleinmöbel
- Schaufensterpuppen, Büsten und sonstige Displays

Sonstiges
- ca. 10 % Unvorhergesehenes
- Feinreinigung
- Eröffnungsfeier

Die Kostenkontrolle erfolgt in regelmäßig festgesetzten Abschnitten nach Erreichung von Meilensteinen. Baudienstleister nutzen hierfür beispielsweise ein ERP-System[1], mit dem sich die aktuellen und noch zu erwartenden Projektkosten jederzeit auswerten lassen.

[1] ERP: Enterprise-Resource-Planning ist ein IT-System zur Planung und Überwachung von Produktionsabläufen.

BAUZEITENPLAN

Neben der Einbindung aller Partner schon in der Vorbereitungsphase ist für das Gelingen eines Bauvorhabens ein lückenloses und transparentes Management vom ersten Gespräch bis zur Ladeneröffnung wesentlich. Ein tragfähiger Bauzeitenplan, der von allen Beteiligten eingehalten wird, ist für den Erfolg eines Projekts von entscheidender Bedeutung.
Bei dem Flagshipstore für Longchamp in München hatte der Projektleiter bei Ganter, Florian Engels, bereits ein Jahr vor Baubeginn Kontakt mit dem Bauvorhaben. Beim damaligen Vormieter der Erdgeschossfläche fertigte er zunächst ein Aufmaß an. Planung und Entscheidung zogen sich allerdings hin und erst sechs Wochen vor Baubeginn bekam die Firma den offiziellen Zuschlag. Dann erst wurde mit der technischen Ausarbeitung und Vorbereitung begonnen. Die eigentliche Bauzeit war schließlich auf 3,5 Monate festgesetzt, was Ganter auch erfüllte. Die kurze Vorbereitungszeit war in diesem Fall möglich, da die Firma das Ladenbaukonzept von Longchamp bereits zum zehnten Mal umsetzte. Insofern waren Standarddetails bereits ausgearbeitet und mussten »nur noch« an die baulichen Gegebenheiten dieser speziellen Fläche angepasst werden.

unten Professioneller Bauzeitenplan
rechts oben Montage der Lichtkuben, die Teil des Treppen-Ensembles sind.
rechts unten Die Lichtinstallation kurz vor der Eröffnung.

Task Name	Duration	Start	Finish
Longchamp BTQ Bukarest	**65 days**	**Tue 06.09.16**	**Mon 05.12.16**
Bid	5 days	Tue 06.09.16	Mon 12.09.16
Client Review	2 days	Tue 13.09.16	Wed 14.09.16
Award	0 days	Wed 14.09.16	Wed 14.09.16
Contracts	0 days	Wed 14.09.16	Wed 14.09.16
Engineerring	**14 days**	**Tue 20.09.16**	**Mon 10.10.16**
Site survey	0 days	Tue 20.09.16	Tue 20.09.16
Shop drawings	7 days	Wed 21.09.16	Thu 29.09.16
Arch. Review	2 days	Fri 30.09.16	Mon 03.10.16
Redline Revisions	5 days	Tue 04.10.16	Mon 10.10.16
Millwork Fabrication	**27 days**	**Tue 11.10.16**	**Wed 16.11.16**
Fabrication	27 days	Tue 11.10.16	Wed 16.11.16
Shipping	**4 days**	**Thu 17.11.16**	**Tue 22.11.16**
land freight	4 days	Thu 17.11.16	Tue 22.11.16
Installation	**9 days**	**Wed 23.11.16**	**Mon 05.12.16**
Millwork Installation	8 days	Wed 23.11.16	Fri 02.12.16
Handover	1 day	Mon 05.12.16	Mon 05.12.16

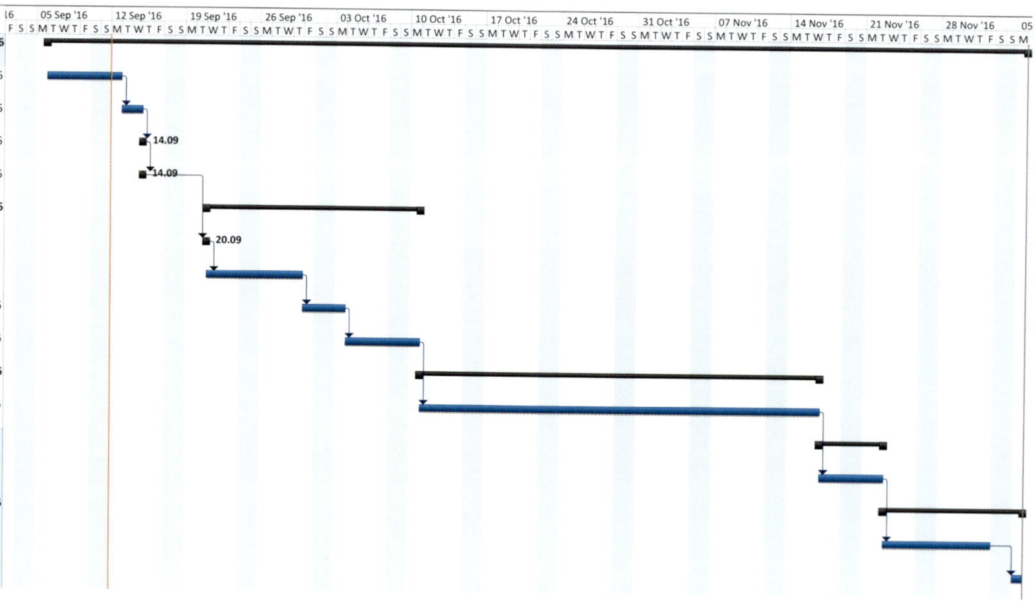

Wie generell im Baugewerbe, richtet sich die Bauzeit nach der Größe und Komplexität des Bauvorhabens. Da im Ladenbau allerdings oft bereits während der Umbauphase hohe Ladenmieten anfallen, sind Bauzeiten knapp zu kalkulieren. Die komplexe Koordination der sich überschneidenden Gewerke, die gleichzeitig auf der Baustelle sind, sowie der damit einhergehende Koordinationsanspruch an die Bauleitung und der Druck, der auf allen am Projekt Beteiligten während der Bauphase lastet, ist keinesfalls zu unterschätzen: Ladenbau ist Terminbau.

Projekte, bei denen Partner frühzeitig zusammenarbeiten, sind erfahrungsgemäß am erfolgreichsten. Es ist sinnvoll, den Ladenbauer bereits in der Konzeptphase einzubeziehen. Er kann selbst bei sehr anspruchsvollen Projekten auf bisher unbeachtete Fragen aufmerksam machen, die richtigen Methoden für die Umsetzung vorschlagen und Prozesse im Vorfeld optimieren. Denn gerade in den ersten Phasen eines Projekts sind Qualität, Kosten und Termine noch stark zu beeinflussen. Auch werden zu diesem Zeitpunkt die Weichen für einen späteren reibungslosen Bauprozess gestellt.
An einem Projekt dieser Größenordnung arbeitet bei Ganter ein Team aus fünf bis sieben Personen: Konstrukteure, die die technischen Details ausarbeiten und die eigentliche Werkplanung zur Weitergabe z. B. an Schreiner und Metallbauer erstellen, ein technischer Assistent, der die Aufträge platziert und überwacht, sowie der eigentliche Projektleiter, der den Kontakt zum Kunden hält und dessen alleiniger Ansprechpartner ist. Dieser sollte immer vor Ort sein, wenn er gebraucht wird. Kein einfacher Job. Als Projektverantwortlicher übernimmt er dann auch die Schlussdokumentation, nimmt den Abnahmetermin wahr, überwacht die Arbeiten zur Mängelbeseitigung und stellt abschließend die Schlussrechnung an den Auftraggeber. Bei etwaigen späteren Gewährleistungsansprüchen ist er der Ansprechpartner im Unternehmen.
Für eine reibungslose Realisierung und die Einhaltung des geplanten Termins zur Eröffnung empfiehlt es sich, zur Erstellung eines Terminplans von diesem zurückzurechnen. Puffer für Unvorhergesehenes sollten eingeplant werden. Besonders beim

Bauen im Bestand oder Umbauten können beispielsweise erst nach dem Rückbau der alten Einrichtung Zusatzarbeiten durch mangelhafte Untergründe oder ähnliches eingeschätzt werden. Auch Trocknungszeiten, meist bei Beschichtungs- oder Bodenverlegearbeiten, sind einzuplanen (siehe »Fußbodenbeläge«, S. 116ff.). Der Terminplan muss während der Planungs- und Bauphase stets verfeinert und fortgeschrieben werden.
Bei Longchamp gab es bis in die Bauphase hinein die Idee, die Verkaufsfläche durch einen Innenhof zu erweitern. Für die Planer bedeutete dies, dass sie lange weder die Haustechnik noch den Innenausbau endgültig ausplanen konnten. Bis eine Entscheidung getroffen wurde, waren Puffer im Zeitplan längst aufgebraucht und da der Eröffnungstermin feststand, implizierte das im späteren Bauablauf Mehrkosten für Nacht- und Wochenendarbeiten.
Der Bauzeitenplan wird in mehreren Schritten detailliert. Den ersten groben Zeitplan erstellt der Planer während der Planungsphase. Das Weihnachtsgeschäft als wichtigste Verkaufsperiode im Einzelhandel ist im Zeitplan zu berücksichtigen. Ein Umbau im Dezember ist aus diesem Grund in der Regel ausgeschlossen. Eine Fertigstellung kurz vor Beginn des Weihnachtsgeschäfts im November ist dagegen oft erwünscht. Die Erwartungshaltung muss mit dem Auftraggeber abgestimmt werden.
Als letzte Maßnahme vor der Abnahme der Bauleistung ist eine Reinigung einzuplanen. Erst nach erfolgter Abnahme und etwaiger Mängelbeseitigung kann eine Feinreinigung erfolgen. Und erst danach lässt sich der Laden, meistens unter Leitung des VM, mit Ware bestücken sowie das Licht ausrichten. In Abhängigkeit von der Größe und der Anzahl der Produkte kann das mehrere Tage in Anspruch nehmen. Die Termine sind mit Auftraggeber, Marketing und VM abzustimmen.

Meilensteine
Meilensteine sollten als Etappenziele im Zeitplan verankert sein. Dies können beispielsweise Freigaben oder der Baubeginn sein oder aber der Liefertermin für besondere Materialien, die dringend für den Baufortschritt notwendig sind.

Verzögerungen
Muss man einen Eröffnungstermin verschieben, empfiehlt es sich, das sofort an den Auftraggeber zu kommunizieren, damit er gegebenenfalls noch Aktivitäten stoppen kann. Denn er plant den Umsatz unter Umständen bereits ein, stellt Ware dafür sicher, engagiert Verkaufspersonal und beginnt mit der Werbung. Kurz vor einer Eröffnung investiert der Auftraggeber viel, um die Ladeneröffnung zu einem Erfolg zu machen.

INBETRIEBNAHME UND BAUABNAHME
Das große Ziel einer jeden Baumaßnahme im Ladenbau ist die (Wieder-)Eröffnung bzw. Inbetriebnahme. Davor steht jedoch stets die Bauabnahme. Dabei wird final die erbrachte Leistung des Auftragnehmers auf Vollständigkeit und Qualität überprüft. Die Gewährleistungszeit des Auftragnehmers beginnt mit dem unterschriebenen Mängelprotokoll. Nach erfolgter Bauabnahme muss ihm ausreichend Zeit zur Mängelbeseitigung eingeräumt werden. Diese Phase eignet sich unter Umständen dafür, z. B. Tests mit der Kasse oder dem Soundsystem durchzuführen.
In der Praxis hat sich gezeigt, dass es sinnvoll ist, das Verkaufspersonal so früh wie möglich in den Laden zu holen, damit sie sich mit der neuen Einrichtung und möglichen neuen Verkaufsabläufen vertraut machen können. Das Verkaufspersonal als Botschafter der Marke sollte hinter dem neuen Konzept stehen und es gut kennen. Ein fest vereinbarter Termin für eine Feedback-Runde zu den Neuerungen kann helfen, anfängliche Frustration zu überbrücken oder zu verhindern, die möglicherweise durch die ungewohnte Umgebung entsteht.
Zur Qualitätssicherung empfiehlt es sich, nach einiger Zeit in den Laden zurückzukehren und gemeinsam mit dem Verkaufspersonal und Retailmanger oder Auftraggeber Verbesserungen für die Zukunft zu besprechen.

unten Blick auf die fertige Treppenanlage im ersten Obergeschoss

QUELLEN-ANGABEN

PUBLIKATIONEN

Biegel, Britta: visual merchandising Präsentationsstrategien zur Verkaufsförderung. Frankfurt 1994

Diller, Hermann: Visual Merchandising. In: Vahlens Großes Marketinglexikon, München 2001

Koch, Stefan: Brandschutz und Baurecht. Rechtssichere Beurteilung von Neubau und Bestand. Köln 2011

Lachenmann, Gerhard: Warenverkaufskunde 1. Darmstadt 1991

Mikunda, Christian: Marketing spüren – Willkommen am Dritten Ort. München 2014

Peneder, Reinhard: Handbuch Ladenbau. Konzept Planung Realisierung. München 2015

Underhill, Paco: Warum kaufen wir? Die Psychologie des Konsums. München 2000

FACHZEITSCHRIFTEN

stores+shops Extra Oberflächenmaterialien 02/2016

Fachartikel

Dietz, Julia: Licht zum Leben. In: TextilWirtschaft 12/2016

Hutter, Katharina: Pop-up-Stores als temporäre Kundeninspiration. In: Absatzwirtschaft 1–2/2013

Lotter, Wolf: Der Ortswechsel. In: brand eins 04/2015, S. 36ff.

Wilken, Doreen: Ralph Lauren testet interaktive Umkleiden. In: fabeau Fashion Business News 11/2015

DANK

Ich bedanke mich bei den Autoren der Gastbeiträge für Ihre spannenden und qualitätsvollen Artikel. Darüber hinaus danke ich herzlich allen Gesprächspartnern der unterschiedlichen Planungsbüros, Marken und Agenturen für ihre Bereitschaft und Offenheit bei dem Meinungsaustausch um Hintergrundinformationen. Dem Team des Verlags gebührt mein Dank für die professionelle und konstruktive Zusammenarbeit.